Jean-Paul Pianta
Die Kunst, ein Floß zu steuern in stürmischen Zeiten

Aus dem Französischen von Marion Heu

weissbooks.w

Die Kunst,
ein Floß zu steuern
in stürmischen Zeiten

I

Fantasie ist wichtiger als Wissen.
Albert Einstein (1879–1955)

Es ist nicht meine Absicht, mit dem Bild des Floßes den Menschen vorzuschreiben, was sie tun oder denken müssen, um ein erfolgreiches Leben zu führen. Weil wir heute täglich mit einer Vielzahl von Informationen bombardiert werden, die manchmal paradox und widersprüchlich erscheinen, ist es von größter Wichtigkeit, nicht aus dem Blickfeld zu verlieren, dass in einer Gesellschaft, die so instabil und veränderlich ist wie das Meer, es für jeden Menschen oberste Priorität haben muss, sein Gleichgewicht zu finden und Stürze zu vermeiden.

Jahrhundertelang hat die Wissenschaft viel Mühe darauf verwendet, alles zu messen und immer weiter zu unterteilen, in der geheimen Hoffnung, auf diese Weise alles verstehen zu können und es vielleicht sogar zu schaffen, die Natur und das Leben zu kontrollieren. Materialismus, Dualismus, Kartesianismus und fanatischer Rationalismus haben unsere Denkweise weitgehend geprägt, aber die Grenzen dieser Analysemethoden sind heute erkennbar. Wenn man alles voneinander trennt, immer weiter unterteilt und bis auf den kleinsten Teil reduziert, ist es nicht mehr möglich, ein Verständnis für Komplexität zu entwickeln.

Wie Professor Ervin Laszlo erklärt, beginnt nach dem Zeitalter des Mythos, auf das die Zeitalter von Theos und Logos gefolgt sind – die immer noch zahlreiche fromme Anhänger haben –, mit dem einundzwanzigsten Jahrhundert das Zeitalter des Holos. Heute ist es zwingend erforderlich, all das, was sorgfältig voneinander getrennt worden war, zu versöhnen, zu versammeln und wieder einander anzunähern, um zu einer holistischen und globalen Sichtweise zu gelangen. Die Wissenschaftler verwenden heute den Begriff »consilience« (Zusammenwirken/Übereinstimmung), um das Aufeinanderzugehen der verschiedenen Disziplinen der Natur- und der Geisteswissenschaften zu beschreiben.

Ein größeres Verständnis, ein besseres Verständnis oder ein anderes Verständnis könnte dem Leben eine zusätzliche Dimension verleihen und gleichzeitig die Prävention fördern bzw. gewisse konfliktbeladene oder destruktive Situationen vermeiden helfen.

Der wissenschaftliche Geist hat es sich zur Aufgabe gemacht, den Zweifel und die Skepsis zu kultivieren, und fürchtet sich nicht davor zu verkünden, dass seine Schlussfolgerungen nur provisorisch sein können. Auf den ersten Blick könnte diese Haltung wie das Eingeständnis einer gewissen Zurückhaltung wirken, aber die Demut der Wissenschaftler und der Forscher macht nur wenig Eindruck auf eine Reihe von Verantwortlichen, Politikern, Experten und Spezialisten, die weiterhin ihren Redeschwall darauf verschwenden, Befehle zu erteilen, Vorschriften zu machen, Ratschläge zu geben oder Lösungen vorzuschlagen, von denen man annimmt, dass sie für alle Menschen gültig sind. Die erwarteten Ergebnisse bleiben jedoch aus, denn die Natur und das Leben lieben Vereinfachungen nicht besonders und misstrauen allem, was uniform ist.

Jeder Mensch, wer, in welcher Situation oder wie alt er auch sei, ist eine einzigartige Persönlichkeit in der ganzen Menschheitsgeschichte, die bis heute etwa 85 Milliarden Individuen umfasst. Was für einen Menschen gut ist, ist nicht zwangsläufig gut für alle anderen Menschen. Etliche Werte oder große Prinzipien, die lange Zeit Gültigkeit hatten, sind in den letzten Jahrzehnten aus der Mode gekommen.

In einer chaotischen Welt, die weder das oberste Prinzip noch das ernsthafte Anliegen hat, uns das Leben zu erleichtern, kann und muss jeder Mensch danach streben, sich die Freiheit im Denken zurückzuerobern. Denn sie ist die Voraussetzung, wenn man die Verantwortung für sein Leben und seine Entscheidungen selbst übernehmen will. Außerdem erleichtert sie die Eingliederung in eine immer komplexer werdende Gesellschaft. Dieser Schritt ist kein überflüssiger Luxus, sondern eher Ausdruck eines nützlichen Überlebensinstinkts.

Jeder Mensch verfügt über eine einzigartige, punktuelle und besondere Sichtweise. Die Quantenphysiker lehren und erklären uns, dass der Blick des Beobachters selbst das Verhalten der Teilchen entscheidend beeinflusst, aus denen sowohl unser Körper wie auch das gesamte Universum aufgebaut sind. Was wir normalerweise als »Realität« bezeichnen und als objektiv, materiell, stabil, messbar und äußerlich ansehen, wird nun subjektiv, individuell, variabel, veränderlich und innerlich, das heißt dynamisch beeinflusst von unserer Geisteshaltung, unseren Überzeugungen, unseren eigenen Gedanken und unseren Emotionen.

Im Gegensatz zu den Kenntnissen oder dem Wissen eines Zeitalters, das eine Art festes, limitiertes und definiertes Kapital darstellt, ist die menschliche Intelligenz – diese wunderbare Fähigkeit, als Antwort auf verschiedene Stimuli adäquate Anpassungsreaktionen vorzunehmen, die das Überleben sichern – in der Lage, sich bei Bedarf soweit zu verändern und weiterzuentwickeln, dass sie neue Lösungen hervorbringen kann, die es ermöglichen, die neuen Probleme zu lösen, mit denen wir heute konfrontiert sind.

Die Stimuli oder Informationen aus der Umwelt sind nicht mehr die gleichen wie die zur Zeit unserer Großeltern. So ist es logisch zu denken, dass, wenn sich die Stimuli verändern, auch die individuellen Antworten nicht immer die gleichen bleiben können. Es ist uns unmöglich, zu werden, was wir werden könnten, wenn wir uns weiterhin an dem festklammern, was wir gewesen sind.

Im Widerspruch zum verbreiteten Glauben ist es nicht das Gehirn, das Vorstellungen produziert, sondern es sind eher die Vorstellungen, die man hat, die das Gehirn stimulieren. Die Funktion kreiert das Organ. Wir sind, was wir denken.

Woran denken Sie? An die Gefahren? An die Bedrohungen? An die Polizisten, die an den Straßen lauern, oder daran, wie Sie im nächsten Monat Ihre Miete oder Ihre Steuern bezahlen können? Oder denken Sie vor allem daran, wie Sie sich eine Freude bereiten können, wie Sie das Leben genießen und sich verwirklichen können?

Möchten Sie ein langweiliges und trauriges Leben führen oder hoffen Sie darauf, aktiv für Ihr Wohlbefinden sorgen und die Liebe und das Glück leben zu können?

Die größte Entdeckung meiner Generation ist, dass Menschen in der Lage sind, ihr Leben zu verändern, indem sie ihre Geisteshaltung verändern.
William James (1842–1910)

Die Krise. Nichts geht mehr?

Nichts geht mehr! Zu Beginn dieses einundzwanzigsten Jahrhunderts erschütterte eine Immobilienkrise in einer noch nie dagewesenen Stärke die Vereinigten Staaten. In einem einzigen Monat waren es nicht weniger als 250 000 Eigenheime, die von den Banken gepfändet wurden, weil der Marktwert dieser Immobilien geringer eingeschätzt wurde als die Höhe der für sie aufgenommenen Kredite. Weil es ihnen nicht möglich war, die Hypotheken zurückzuzahlen, waren 250 000 Familien unerwartet gezwungen, ihr Haus zu räumen. Wie viele Anstrengungen und Träume wurden damit zunichte gemacht, wie viele Leben von Männern, Frauen und Kindern durcheinander gebracht?

Es ist schwer, sich nicht betroffen zu fühlen, denn die Globalisierung verstärkt die Interdependenzen zwischen den Nationen, alles, was heute die Vereinigten Staaten betrifft, hat die Macht, morgen oder übermorgen die Welt zu betreffen. Es ist natürlich immer möglich, deswegen Kritik an den Banken oder den politisch Verantwortlichen zu üben, der wirtschaftlichen Konjunkturlage die Schuld zu geben, den Auslagerungen von

Firmen, dem Ölpreis, der Schwiegermutter und den Nachbarn, oder alles der gewachsenen Konkurrenz oder dem fehlenden Glück in die Schuhe zu schieben. Doch wohin führt uns das? Eine solche Haltung führt direkt in Unsicherheit, Angst und Furcht oder zu Religion, Frustration, Bitterkeit, Enttäuschungen oder zum Gebrauch von Schlafmitteln oder Antidepressiva.

Trotz aller schönen Versprechungen scheint ein Gefühl der Unsicherheit immer mehr an Boden zu gewinnen. Zugegeben, es ist nicht leicht für einen Menschen, sein ganzes Leben lang ein gutes Gleichgewicht zu finden und zu halten. Und was ist heute schon noch absolut sicher?

Wir kennen die Grenzen unseres Lebens sehr genau. In unseren westlichen Gesellschaften beträgt die durchschnittliche Lebenserwartung etwa 650 000 Stunden, aber dies trifft nicht für jeden mit Sicherheit zu. Sind Sie sicher, Ihre Arbeitsstelle ihr ganzes Leben lang behalten zu können? Sind Sie sicher, Ihre Tage an der Seite der immer gleichen Person beschließen zu können? Können Sie, trotz all Ihrer Liebe und Mühe, sicher sein, dass Ihre Kinder immer glücklich und bei guter Gesundheit sein werden, in einer immer beschaulicher werdenden Welt, die sich mit großen Schritten hin zu Demokratie, Frieden und

Gerechtigkeit entwickelt? Sind Sie sicher, dass Sie Ihre Rente bekommen werden? Wird sie ausreichen, Ihnen ein würdiges Altern zu ermöglichen, wenn die Preise explodieren? Sind Sie sicher, dass die Steigerung der Aufwendungen für die Polizei es ermöglichen wird, Ihnen in Ihrer Umgebung komplette Sicherheit zu garantieren?

Die bequemen Sicherheiten haben sich überlebt. Wie ein einfacher Jogurt oder ein Liter Milch scheinen das Wissen, die Kenntnisse, die Überzeugungen und die Sicherheiten einer Epoche heute mehr denn je verderblichen Lebensmitteln zu ähneln, auf die man ein Verfallsdatum aufkleben müsste.

Wahrscheinlichkeitsrechnungen der immer leistungsfähigeren Computer, mathematische Fraktale, die drei Jahrhunderte euklidischer Mathematik in Bedrängnis bringen, die epigenetische Biologie von Professor Bruce Lipton, die erklärt, dass die Gene selbst von den Proteinen in ihrem Umfeld beeinflusst werden, die permanente Evolution nach Darwin, die Quantenphysik, die Nanotechnologien, das unvorhersehbare und unerwartete Verhalten quantenmechanisch verschränkter, subatomarer Teilchen, die gemeinsam auf einen Stimulus reagieren, auch wenn ein ungeheure räumliche Distanz zwischen ihnen liegt: Dank einer Wissenschaft, die sich aus Prinzip daran gemacht hat, das zu entmystifizieren, was sie gestern noch verehrt hat, beweisen alle diese neueren Entdeckungen, dass die Arroganz eines Wissens nicht länger Bestand haben kann.

Die wissenschaftlichen Schlussfolgerungen einer bestimmten Epoche gelten nicht für immer, sind nicht immer aktuell. Mehr und mehr Menschen werden sich bewusst, dass anderen Gewalt anzutun, ihnen etwas aufzuzwingen, sie zu besiegen, zu beherrschen, zu kontrollieren, sie auszunutzen und zu missbrauchen, früher oder später zu messbaren schädigenden Sekundäreffekten führen wird, die sich schon heute nicht länger leugnen lassen, weil sie eine große Bedrohung für die Lebensfähigkeit des gesamten Systems darstellen. Zum Beispiel beweisen mikroskopisch kleine Bakterien, dass sie sehr wohl zum Widerstand fähig sind. Fünfzig bescheidene Jahre haben ihnen genügt, um die Antibiotika, die ihr Leben bedrohen, geschickt abwehren zu können. In der Zwischenzeit ist es den Bakterien sogar gelungen, ihre Gesundheit zu verbessern. Sie haben sich angepasst und scheinen an Energie gewonnen und ihre Abwehrkräfte gestärkt zu haben.

Eine veränderte Haltung

Theoretisch ist eine gymnastische Übung, die uns zu einer veränderten Geisteshaltung verhelfen würde, eine ganz einfache Angelegenheit. Um die alten Dogmen, die alten Sicherheiten, die alten Überzeugungen und die alten Gewohnheiten in Frage zu stellen, genügt es, so viel Flexibilität zu zeigen, dass man es wagt, dem Zweifel die Tür einen Spalt weit zu öffnen. Das Problem besteht darin, dass wir in einem Gesellschaftssystem leben, das dem Zweifel misstraut und es vorzieht, die Sicherheiten zu kultivieren. Es ist jedoch für jeden von vitaler Bedeutung, sich mit dem Gedanken vertraut zu machen, dass Unsicherheiten ein integraler Bestandteil des Programms sind. Zu urteilen, unserer Umwelt gute oder schlechte Noten zu geben, bedeutet Zeitverlust und eine Verschwendung von Energie und beinhaltet möglicherweise die große Gefahr von Irrtümern, die dadurch zustande kommen, dass unsere Interpretationen immer nur einseitig, begrenzt, subjektiv und punktuell sein können.

Es wäre sehr vermessen, wenn man versuchen wollte, alle Umweltfaktoren zu kontrollieren, die Einfluss auf unser Leben haben können. Es sind die gleiche menschliche Gesellschaft, das gleiche sozioökonomische Umfeld und die gleiche Administration, die es zulassen, dass Millionen Menschen an Hunger sterben oder im Elend leben, während Millionen andere in so großem Luxus leben, dass es schon unanständig ist. Es ist das gleiche Internet, mit dessen Hilfe man sein Traumhaus finden kann und das es den Pädophilen ermöglicht, ihre erbärmlichen Photos auszutauschen. Es sind die gleichen Gesetze und Vorschriften, die dazu führen, dass manche Menschen kriminell werden, während andere sich entscheiden, Gutes zu tun, ihr Leben sinnvoll zu nutzen und sich daran zu erfreuen. Es ist der gleiche Schnee, auf dem man sich ein Bein brechen oder mit großem Vergnügen die Hänge herunterfahren kann; es ist das gleiche Meer, in dem man baden, auf dem man surfen und segeln kann und auf dem, ohne Vorwarnung, ein Sturm oder ein Tsunami losbrechen können.

In der Praxis ist es jedoch außerordentlich kompliziert, seine Geisteshaltung zu verändern, und zwar aus zwei schwerwiegenden Gründen. Zum einen, weil unsere Identität, unser Ego, direkt an unseren Überzeugungen hängt, zum anderen, weil wir vor allem »Gewohnheitstiere«

sind, die von einem allmächtigen Unterbewusstsein konditioniert worden sind.

Schon seit unserer frühen Kindheit sind wir ständig den Werten und Überzeugungen unserer Umwelt ausgeliefert, denen man sich nur schwer entziehen kann. Unsere Eltern und andere vernünftige Verantwortliche haben uns lang und breit erklärt und permanent wiederholt, dass unsere Situation nicht optimal sei, dass es jedoch genüge, zu gehorchen und sich in Geduld zu üben, damit sich die Dinge verbesserten. Alle, die sich dazu verleiten ließen, diesem beruhigenden Gerede Glauben zu schenken, sind heute ganz schön desillusioniert. Enttäuscht müssen wir jetzt feststellen, dass sich die Dinge nicht nur nicht verbessern, sondern komplizierter werden, sich verschlechtern oder schlimmer werden.

Die Umwelt, in der wir leben, ist viel zu komplex, als dass sie sich mit Vorschriften, Dekreten oder Gesetzen domestizieren ließe. Die Glaubwürdigkeit der Verantwortlichen ist auf einem Tiefpunkt angekommen, der Staat kann Verpflichtungen, die er seinen Bürgern gegenüber vor zehn, zwanzig oder dreißig Jahren eingegangen ist, nicht einhalten. Kein einziges westliches Land kann der Krise entkommen, die alle lebenswichtigen Bereiche trifft, wie die Erziehung, die

Gesundheit, die sozialen Errungenschaften oder die staatlichen Leistungen. Diese Krise wird geprägt von Umstrukturierungen, Auslagerungen und Privatisierungen, die eine wesentliche Verringerung von Personal zur Folge haben und neue Unsicherheiten mit sich bringen werden, die drohend über der sich verändernden sozioökonomischen Lage schweben. Wer kann sich darauf einlassen vorherzusagen, wie der Kurs des Dollars oder der Preis eines Barrels Öl heute Nachmittag, morgen oder nächste Woche sein wird?

»Das ist doch alles nicht so schlimm«, sagen manche, »alles ist bestens, die Erde dreht sich weiter.« Zufällig haben jedoch jetzt, gerade in diesem Augenblick, die Erde und die Natur beschlossen, uns eine Rechnung zu schicken, die man als »gesalzen« beschreiben könnte. Es ist schwierig, die Augen zu verschließen und so zu tun, als sähe man die Bedrohungen nicht, die auf unserer unmittelbaren natürlichen Umwelt lasten. Die Gefahren sind genau messbar geworden und werden deutlich sichtbar als Verschmutzung des Bodens, der Luft, des Wassers und der Lebensmittel oder als geistige Verschmutzung, die in den Gewaltakten des Terrorismus oder des religiösen Fundamentalismus hervortritt. Wir sind alle direkt betroffen von möglichen Veränderungen, die enorme Macht haben, die verschiedenen Parameter zu verändern, die unser Leben beeinflussen.

Wahrscheinlich weil sie sich entschieden haben, die Existenz von Neurotransmittern zu negieren, ziehen es viele Experten vor, weiterhin zu glauben, dass der Mensch von der Natur getrennt existiert und dass es keinerlei Verbindung zwischen unseren Gedanken und der Luft, die wir atmen, sowie dem Wasser und den Nahrungsmitteln, die wir aufnehmen, gibt. Bedauerlicherweise versichern uns die Biologen das Gegenteil: »Wir sind, was wir einatmen, wir sind, was wir essen.« Sie bestätigen heute, was die Chinesische Medizin, Hippokrates, Hildegard von Bingen und zahlreiche Ärzte schon seit Urzeiten vermutet hatten.

Manche sprechen vom »Wendepunkt«, andere ziehen es vor, einen »point of no return«, einen Punkt ohne die Möglichkeit zur Umkehr, zu postulieren, in jedem Fall jedoch laden diese Begriffe zum Nachdenken ein. Eine Mehrheit der Wissenschaftler scheint sich darin einig geworden zu sein, dass dieser Augenblick besonders geeignet ist, unsere Gewohnheiten, unsere Überzeugungen und unseren blinden und bedingungslosen Respekt für alles, was von oben kommt, in Frage zu stellen. Die Götter, die Könige und die Regierungen haben die Menschen seit Jahrhunderten voneinander getrennt, heute versuchen die Erde und die Natur uns zu verstehen zu geben, dass es zwischen den Menschen und Ländern keine Grenzen geben kann. Die Luft, der Wind und das Wasser sind dabei, ohne Rücksicht und manchmal auf brutale Art und Weise, die Menschen einander anzunähern.

Die aufgetauchten Schwierigkeiten und modernen Unsicherheiten sind weder gut noch schlecht, sie sind einfach da. Einerseits sind Gefahren beunruhigend, andererseits stellen die Gefahren, die uns begegnen, eine wunderbare Gelegenheit dar, zu beobachten, wie sich eine neue Denkweise ihren Weg bahnt.

Individuelle Verantwortung

»Wenn ich mich nicht für immer und ewig auf die Götter, meinen Vater oder meine Mutter verlassen kann, um irgendwo hinzukommen, mich zu kleiden, mich zu ernähren, mir eine angenehme Umgebung zu bieten, dann könnte es vielleicht nützlich sein, wenn ich so schnell wie möglich und so gut wie möglich lerne, alleine zurechtzukommen.« Ein solcher Ausspruch könnte gut von den winzigen Bakterien stammen.

Der Übergang von einer Situation der Abhängigkeit in die Unabhängigkeit ist ein Sieg, nicht so sehr über die anderen oder über die Umwelt, sondern in erster Linie ein Sieg über sich selbst.

Um die Schwerkraft zu überwinden, die einen nach unten zieht, um laufen zu lernen und die Fähigkeit zu entwickeln, das Gleichgewicht halten zu können, fällt ein Kleinkind im Alter zwischen einem und drei Jahren ungefähr 2500 Mal hin. Dies bedeutet, dass ein kleines Kind in der Lage ist, selbst die Mittel und Wege zu finden, die es ihm ermöglichen, 2500 Mal wieder aufzustehen. Die Schwerkraft ist immer vorhanden und die Bodenfliesen in der Küche sind immer ungefähr gleich hart. Es ist vor allem die mentale Einstellung, welche die Veränderung möglich macht. Wenn es einmal stehen und sich fortbewegen kann, wird aus dem Kind ein anderes Kind, weil es ihm durch eigene Anstrengung gelungen ist, eine neue Umwelt und verschiedene andere Möglichkeiten zu entdecken, was wenige Wochen oder Monate zuvor noch undenkbar gewesen wäre.

Es geht hier nicht um reinen Egoismus, nicht um das Überleben des Stärksten oder um überzogenen Egoismus, sondern einfach um gesunden Menschenverstand. Wenn man einen Menschen vor dem Ertrinken retten will, sollte man vorzugsweise selbst schwimmen können. Je höher die Zahl der Menschen ist, die schwimmen können, desto eher kann man auf einen Rückgang der Unfälle durch Ertrinken hoffen.

Es ist seltsam, dass die öffentliche Meinung dazu neigt, eine ganz andere Strategie zu propagieren: »Nur zu, springen Sie ins Wasser, haben Sie keine Angst, wir haben überall Rettungsbojen verteilt, und wir arbeiten an einer neuen Vorschrift, die es uns erlaubt, noch weitere Rettungsbojen auszubringen! Ihre Sicherheit hat für uns oberste Priorität, wir investieren gerade in ein Forschungsprojekt, um unsere Bojen noch sicherer und leistungsfähiger zu machen. Um Sie noch besser zu schützen, werden wir nicht zögern, alle notwendigen Maßnahmen zu ergreifen, selbst wenn wir dafür noch neue Steuern erheben müssen.«

Da wünsche ich uns doch viel Glück!

Es handelt sich immer um das gleiche veraltete Rezept, das seine Ineffizienz schon längst bewiesen hat. Je länger man die Menschen in einem Zustand der Abhängigkeit hält, desto ängstlicher und unsicherer werden sie, und desto mehr muss man sie beruhigen. Alle, die dazu fähig sind, die Worte zu finden, um uns Goldene Zeiten zu versprechen oder das Ewige Paradies, oder die die Hoffnung nähren, dass man sich inmitten eines Reigens mandeläugiger Schönheiten wiederfinden könnte, dürfen immer noch mit guten Einschaltquoten rechnen.

Jedoch ist eine kniende oder sitzende Position, wenn sie andauert, ermüdend. Manche Kinder sind freilich der Meinung, dass es Zeit für sie ist, aufzustehen. Sie wollen sich nicht länger damit zufrieden geben, auf wundersame Resultate der Fünfjahrespläne zu warten oder ewig wie gelähmt zu verharren, in der Hoffnung, dass sich die Dinge von selbst bessern werden.

Seine Haltung zu verändern, ermöglicht es, sich die Beine zu vertreten und den Kopf durchzulüften, sich von einschränkenden Vorurteilen zu befreien, seine Einstellungen und seine Überzeugungen zu ändern und einen anderen Blickwinkel einzunehmen, um eine neue Umgebung entdecken zu können.

Ich hoffe nur, dass Sie nicht allzu leicht seekrank werden!

II

Nichts als Wasser!

Und ein Floß…

Wir können unsere Umwelt und die Gesellschaft, in der wir leben, mit einem sich ständig verändernden Ozean vergleichen, der unberechenbar und immer in Bewegung ist. Wie kann man die Risiken verringern, wie die Verantwortung übernehmen, wie das Gleichgewicht halten, wenn die Instabilität unbedingt zu den Spielregeln gehört?

Zu Ihrem Nutzen, Ihrer Sicherheit und Ihrem Wohlbefinden schlage ich Ihnen vor, dass Sie sich ein einfaches Floß bauen. Ich sehe bereits, was Ihnen nun durch den Kopf schießt: »Wie bitte? Ein einfaches Floß für meine Sicherheit! Ich würde mich an Bord eines Flugzeugträgers, eines Torpedobootes oder, warum auch nicht, an Bord eines Atom-U-Bootes viel sicherer fühlen!«

Atom-U-Boote sind sehr teuer in der Unterhaltung, und was die Flugzeugträger und die Torpedoboote angeht: »Meine Liebe, Sie wissen doch ganz genau, dass es immer schwieriger wird, gutes Personal zu finden …« Die Frachter rosten, die Piers in den Häfen werden von den Stürmen beschädigt, während ein kleiner Korken immer weiter schwimmt, egal wie hoch die Wellen sind und wie stark der Sturm ist.

Ein Floß kann, wenn es ein gutes Gleichgewicht hat, mit den Wellen spielen, die Stürme durchqueren und sich als viel widerstandsfähiger erweisen als ein größeres Schiff, dessen Masse den Schlägen der Wellen und dem sie begleitenden Wind viel mehr Angriffsfläche bietet.

Misstrauen Sie jedoch Fälschungen und all denen, die durch die Straßen rennen, um Ihnen das »schlüsselfertige Floß« anzubieten, weil Sie damit Zeit oder Geld sparen könnten – es gibt keine Finanzierung zum Nulltarif.

Das Floß, wie wir es uns vorstellen, ist »nach Maß« gefertigt. Sie selbst, und nur Sie selbst, müssen es sich vorstellen, erträumen, ausdenken und verwirklichen. Es ist Ihre Aufgabe, die Verantwortung für die Konstruktion zu übernehmen, und Sie müssen sich an den Gedanken gewöhnen, dass Sie und nur Sie selbst die Bauaufsicht haben und so die Konstruktion überwachen können.

Beschreibung des Floßes

Versuchen Sie sich vier große runde Tonnen aus Kunststoff vorzustellen, mit einem Durchmesser von gut einem Meter, die durch einen Rahmen aus Aluminiumrohren von drei Metern Kantenlänge miteinander verbunden sind. Um die Festigkeit zu erhöhen und die Stabilität zu verbessern, gibt es noch zwei weitere Aluminiumrohre, die diagonal verspannt sind, so dass sie in der Mitte des Floßes ein x bilden. Statt Planken hat das Floß ein weitmaschiges Nylonnetz, wie man es bei großen Katamaranen findet.

Es geht jetzt nicht darum, einfach an Bord zu gehen und leichtfertig abzulegen. Jeder Seemann weiß, dass das Meer eine unbarmherzige Schule der Bescheidenheit ist. Eine Schule, die manchmal sehr hart sein kann. Die Einsamkeit, die Unendlichkeit des Himmels, die Weite des Ozeans, die Gewalt der Wellen und des Windes lassen einen sehr schnell erkennen, dass dies ein Kampf mit ungleichen Waffen ist. Es gibt zu viele Gefahren, die das Gleichgewicht des Floßes bedrohen können, und es ist unmöglich, sie alle kontrollieren zu wollen, wie es auch unmöglich ist, darauf hoffen zu dürfen, dass man sich mit einem Trick oder einer List durchmogeln könnte. Das Meer lässt sich nicht überlisten. Man muss sich mit dem Gedanken vertraut machen, dass Unsicherheit, Unvorhersehbarkeiten und Risiken ständige Wegbegleiter sind.

Die beste und wichtigste Eigenschaft des Seemanns besteht darin, sicherzustellen, dass er sein Floß genau kennt, seine Stärken wie seine Schwächen, und er ganz genau weiß, wie er mit ihm umgehen muss, denn dieses Floß ist das Faustpfand für sein Überleben.

Der Seemann beschließt, jeder der vier Tonnen einen Namen zu geben:

Die Einheit des Ganzen

Vom Kai aus betrachtet der Seemann sein Floß von oben, und es sieht aus, als würden es die kleinen Hafenwellen auf dem Wasser tanzen lassen. Vorne, am Bug, befindet sich backbord die Tonne *Gesundheit* und steuerbord die Tonne *Familie*. Hinten, am Heck, liegt backbord die Tonne *Finanzen* und steuerbord die Tonne *Arbeit*.

Mit stolzen Besitzeraugen entdeckt der Seemann, dass alle vier Tonnen miteinander in Wechselbeziehung stehen, weil sie durch die Aluminiumrohre verbunden sind. Das Floß bildet so eine homogene Einheit. Dies ist deswegen von Bedeutung, weil es offensichtlich ist, dass die Verbindungen der Tonnen untereinander darüber entscheiden, ob das Floß im Gleichgewicht ist und es Komfort, Stabilität und Wohlbefinden an Bord gibt.

Der Seemann entschließt sich zu einem Test, um festzustellen, welche Wechselbeziehungen zwischen den Tonnen bestehen. Vom Kai aus springt er mit Schwung auf die Tonne *Finanzen*. Die drei anderen Tonnen reagieren sofort auf diese einseitige Belastung. Die Tonne *Finanzen* wird zunächst durch das Gewicht des Seemanns unter Wasser gedrückt, nur um dann wie ein Korken wieder aufzutauchen und dafür zu sorgen, dass die Tonne *Familie* Gelegenheit zu ein paar sportlichen Übungen bekommt.

Alle Tonnen haben die gleiche Größe. Jede von ihnen hat eine wichtige Aufgabe, aber interessanterweise erkennt man bald, dass sie miteinander kommunizieren. Selbst die kleinste Information, die eine der Tonnen erhält, wird sofort an jede der drei anderen weitergegeben, so dass diese intelligent und kompetent auf die äußeren Bedingungen reagieren können. Die Widerstandskraft und die Stabilität des Floßes ergeben sich aus den Verbindungen zwischen den Tonnen und aus der Qualität der Informationen, die sie untereinander austauschen. Wenn eine einzige von ihnen den gesamten Druck aushalten müsste, so würde mit Sicherheit das Gleichgewicht des ganzen Floßes entscheidend darunter leiden.

Nachdem er jede einzelne Tonne mit seinem gesamten Gewicht belastet und festgestellt hat, wie empfindlich jede auf Veränderungen reagiert, beschließt der Seefahrer, sich die Aluminiumrohre einmal genauer anzusehen. Zuerst geht er am Bug auf dem Rohr entlang, das *Gesundheit* und *Familie* miteinander verbindet, und ihm wird schnell klar, dass durch den Druck seines

Gewichtes auch das Rohr am Heck beeinflusst wird, das die Tonnen *Finanzen* und *Arbeit* miteinander verbindet. Die wenigen Minuten, die nötig sind, einmal auf dem Floß herumzugehen, reichen aus, ihm klarzumachen, dass die Aluminiumrohre und die Tonnen Hand in Hand arbeiten. Der kleinste Schritt, der leiseste Druck und die geringste Information führen zu einer Anpassungsreaktion des gesamten Systems.

Die Logik der wechselseitigen Verbindungen wird dem Seefahrer schnell klar:

Die Gesundheit hat einen kapitalen Einfluss auf die Arbeit, die Finanzen und das Leben der Familie.

Die Situation der Familie wirkt sich auf die Gesundheit, die Arbeit und die Finanzen aus.

Die Lage der Finanzen wirkt sich auf das Leben der Familie aus und beeinflusst sowohl die Gesundheit als auch die Arbeit.

Die Arbeit ist mit den Finanzen, der Gesundheit und der Familie verbunden.

Das Floß und seine vier Tonnen kennen keine Phase der Immobilität. Sie sind ständig in Bewegung, reagieren auf die Bewegungen des Wassers, auf die kleinste Bewegung des Menschen und den leisesten Windstoß. Diese Sensibilität könnte von all denen, die die Fabel von der Eiche und dem

Rosenstrauch nicht kennen, leicht als Schwäche oder als Zerbrechlichkeit missgedeutet werden. Aber die Plastiktonne versucht nicht, gegen die Kraft der Elemente zu kämpfen, sie gibt sich damit zufrieden, der Bewegung zu folgen und ihr Bestes zu geben, um immer auf dem Kamm der Welle zu bleiben. Der Seefahrer hat keine Alternative: Er muss der Bewegung folgen, denn sein eigenes Gleichgewicht hängt vom Gleichgewicht seines Floßes ab.

Der Seefahrer erkennt, dass der beste Platz für ihn im Zentrum des Floßes liegt. Einerseits wegen des Gleichgewichts, andererseits weil es von dort aus am leichtesten ist, schnell eingreifen zu können, sollte es ein Problem mit einer der Tonnen geben. Dort wird also sein Lieblingsplatz sein. Er lächelt bei dem Gedanken daran, dass es auf dem Meer nicht darum geht, passiv und bewegungslos herumzusitzen. Er wird aufrecht stehen, mit leicht angewinkelten Knien, damit er die Bewegungen der Wellen leichter parieren kann. So wird er ständig sein Gefährt im Auge haben und gleichzeitig das Meer beobachten können. Sagt man nicht »seefest sein«, wenn man die Fähigkeit beschreiben will, wie man trotz des Schlingerns und Stampfens des Bootes das Gleichgewicht halten kann?

Indem er sich das Floß ein wenig genauer ansieht, macht der Seemann eine interessante Entdeckung. Jede der Tonnen besteht aus zwei Teilen, der obere Teil lässt sich abschrauben. Und – was für eine Überraschung! Die Tonnen sind nicht leer, jede von ihnen enthält eine Reihe kleiner Plastikkugeln, etwa in der Größe von Tischtennisbällen. Diese Konstruktion ist ein richtiges Sicherheitssystem: Sollte eine der Tonnen bei einer Kollision beschädigt werden, müsste es schon mit dem Teufel zugehen, wenn auch alle kleinen Kugeln zerstört werden würden. Es würden immer noch einige schwimmfähige übrig sein. Dem Seefahrer wird bewusst, dass sein Floß intelligent ist. Es schwimmt, es ist anpassungsfähig, es reagiert auf die kleinste Information, ohne dabei »den Kopf zu verlieren«, und die Komplexität seines Bauplans verbietet es, sich auch nur eine Sekunde vorzustellen, dass ein solches Gebilde lediglich die Frucht eines Zufalls sein könnte.

Sehr schnell beginnt der Seefahrer, eine Beziehung zu seinem Gefährt aufzubauen, es bereitet ihm keinerlei Schwierigkeiten, es zu respektieren, zu lieben und gut darauf aufzupassen, denn er weiß, dass die Reise lang und voller Hindernisse sein kann. Er ist ein erfahrener und gewissenhafter Mensch, und so weiß er ganz genau, dass die

Zeit der Vorbereitung keine verlorene Zeit ist, sondern, im Gegenteil, eine ausgezeichnete Investition in die Zukunft. Gute Kenntnisse der gesamten Konstruktion können bei schlechtem Wetter oder einer Havarie lebensrettend sein.

Die großen Versprechungen z.B. während der Wahlkämpfe sind schön anzuhören, aber alle Seeleute wissen, dass sie in jedem Augenblick ihres Lebens auf Widrigkeiten stoßen können. Daher sollte man sich mit dem Gedanken vertraut machen, dass jederzeit überraschend ein Problem auftauchen kann. Wie man darauf reagiert, hängt nur wenig vom Glück ab, sondern direkt von den Entscheidungen, die man bereits vorher getroffen hat. Diese Entscheidungen sind es, die über unser Schicksal bestimmen. Im Falle einer Krise ist es nicht so entscheidend, was uns widerfährt, sondern wie wir in diesem Augenblick darauf reagieren. Alle guten Seeleute beugen lieber vor, als zu heilen, daher macht sich unser Seemann mit Block und Bleistift bewaffnet daran, noch eine genauere Inspektion vorzunehmen.

Bestandsaufnahme

Zuerst schaut er sich die Tonne *Gesundheit* an.

Nachdem er diese erste Tonne geöffnet hat, stellt er erstaunt fest, dass sie eine beachtliche Anzahl an Tischtennisbällchen enthält. Jedes trägt ein kleines Etikett mit einer Aufschrift. Er setzt sich hin und beginnt mit seiner Inspektion.

Er liest: Ernährung, Verdauung, körperliche Bewegung, Sport, Spiele, Hobbys, Gartenarbeit, Tennis, Golf, Lebensweise, Zuckerkonsum, Fleischkonsum, Tabak, Alkohol, Drogen, Schlaf, Matratze, Kopfkissen, Sitzmöbel, Schmerzen, Wirbelsäule, Kopf, Füße, Zähne, Schuhe, Haltung, Stress, Muskeln, Kraft, Beweglichkeit, Atmung, Qualität der Luft, Gang, Hygiene, Unfälle, Operationen, Stürze, Muskelkrämpfe, Alter, Geschlecht, Körpergröße, Gewicht, Sicherheitsgurt, Airbags.

Sorgfältig notiert er den Zustand der einzelnen Bällchen, denn jedes von ihnen kann einen Einfluss auf die Funktion der Tonne *Gesundheit* haben.

Nun geht er hinüber zur Tonne *Arbeit*.

Auch dort entdeckt er viele kleine Kugeln, die wie Pingpongbälle aussehen: Körperliche Arbeit, sitzende, stehende Tätigkeit, Auto, Länge des Weges zur Arbeit, Chef, Kollegen, Angestellte, Kunden, Stress, Zahl der Arbeitsstunden, Reisen, angenehme Arbeit, ermüdende Arbeit, schmutzige Arbeit, mechanische Arbeit, Vibrationen, Belastung mit Giftstoffen, Urlaub, Überstunden, Wettbewerb, Selbstverwirklichung, Freude, Kompetenz, Fähigkeit, zu lernen und zu wachsen, Entlohnung, Belohnung, Zufriedenheit.

Weil jede der kleinen Kugeln sich auf das Funktionieren der Tonne *Arbeit* auswirken kann, nimmt sich der Seefahrer viel Zeit, jede einzelne sorgfältig zu prüfen.

Nun ist die Tonne *Familie* an der Reihe.

Auch sie enthält eine große Anzahl kleiner Bälle: Liebe, Kinder, Emotionen, Partner, Sex, gegenseitige Vertrautheit, Verständnis füreinander, Respekt, Zeit, Zusammenarbeit, Austausch, Gemeinsamkeit, Prinzipien, Werte, Prioritäten,

Vertrauen, Unterstützung, Eifersucht, Besitzdenken, Szenen, Stress, Eheberatung, Psychiater.

Auch hier notiert der Seemann auf seinem Block, in welchem Zustand sich jeder einzelne kleine Ball befindet.

Und zuletzt geht er zur Tonne *Finanzen*.

Es überrascht ihn jetzt nicht mehr, dass auch sie mit lauter kleinen Bällen gefüllt ist: Gehalt, Stabilität, Banken, Ersparnisse, Abhängigkeit, Sozialabgaben, Lebensstandard, Krankenkasse, Unfallversicherung, Kfz-Versicherung, Hausratversicherung, Investitionen, Lohnsteuer, Hundesteuer und GEZ-Gebühren, Rente, Sicherheit, Inflation, Kasino, Spiel, Schulden, Komfort, Armut und Reichtum.

Der Seefahrer hat alles sorgfältig notiert, er hat ein gutes Gewissen, weil er sich die Zeit genommen hat, umfassend und genau zu dokumentieren, in welchem Zustand sich sein Floß befindet. Auf hoher See, wenn die Wellen sein Gefährt hin und her rollen, ist es schwierig, die nötige Zeit zu finden, um den einen oder anderen kleinen Ball auf seine Funktionsfähigkeit zu überprüfen. In aller Ruhe im Hafen Bilanz zu ziehen, hilft herauszufinden, was getan werden muss, und Vorbereitungen zu treffen, bevor man sich in das große Abenteuer des Lebens stürzt. Die Risiken zu reduzieren, hat für jeden Seemann, der sein Ziel erreichen will, oberste Priorität.

Je mehr der Seemann die ihm innewohnende Komplexität und Intelligenz einzuschätzen gelernt hat, desto größer ist der Respekt vor seinem Floß. Weder die Kraft des Windes noch die Gewalt der Wellen, weder die Zugrichtung der Wolken noch die Kräfte der Strömungen lassen sich vom Menschen kontrollieren. Manche Leute glauben, ein Seefahrer kenne keine Angst. Genau das Gegenteil ist der Fall! Jeder gute Seemann ist demütig und bescheiden, er kennt die Furcht, aber sie lähmt ihn nicht, sondern lässt ihn besonders wachsam sein. Er nutzt diese Wachsamkeit, um das Meer immer besser kennen zu lernen, er achtet auf die Farbe des Wassers, die Form der Wellen, auf jede kleinste Veränderung der Luftbewegungen, auf den Flug der Vögel, die Bewegung der Wolken und den Lauf der Sterne.

Wenn er auch nicht darauf hoffen kann, diese äußeren Faktoren, die über Leben und Tod entscheiden, kontrollieren zu können, so ist ihm doch ständig bewusst, dass er sein ganzes Herzblut, seine ganze Aufmerksamkeit und Intelligenz einsetzen muss, wenn er Zugang zu den Informationen bekommen will, die seine Seefahrt sicherer und ruhiger machen. In Abhängigkeit von diesen gesammelten Informationen baut der Seemann seine Erfahrung auf – und sein Gefühl für das Meer. Es gibt nicht den geringsten Zweifel daran, dass die oberste Priorität zunächst darin besteht, sich von der Verlässlichkeit seines Gefährts zu überzeugen. Auf hoher See, wenn sich das Wetter verschlechtert, ist es beruhigend zu wissen, dass das Floß über die besten Eigenschaften verfügt, um den Wellen der Welt und des Lebens begegnen zu können.

Achtung Spezialisten!

Als er über den Hafenkai spaziert, stellt der Seemann zu seinem Erstaunen fest, wie groß die Anzahl von Spezialisten ist, die ihren Lebensunterhalt mit den Schiffen und ihren Eignern verdienen. Es gibt praktisch für jeden kleinen Ball, der sich in einer der großen Tonnen befindet, einen eigenen Spezialisten.

Was zum Beispiel die Tonne *Finanzen* betrifft, zählt der Seemann drei Buchhalter, zwei Finanzexperten, vier Bankiers, zwei Verwalter, fünf Versicherungsvertreter, drei Devisenhändler, einen Steuereintreiber und zahlreiche Inspektoren, den Direktor eines Spielkasinos und einen ganzen Reigen unterschiedlicher Händler, die ihre Waren anpreisen: Kreditkartenhändler, Aktienhändler mit exotischen Angeboten, Verkäufer von Lottoscheinen, Buchmacher, Trainer für Intensivkurse und Autoren, die Bücher verkaufen, wie man reich wird, ohne zu arbeiten, und Anleitungen, wie man Steuern spart, außerdem Verkäufer von Glücksbringern, die einen direkten und garantierten Zugang zu Reichtum versprechen.

Noch zahlreicher scheinen die Spezialisten für die Gesundheit zu sein: Krankenschwestern, Heiler, Magnetiseure, ›Knochenflicker‹, Ärzte, Chirurgen, Ernährungsberater, Osteopathen, Chiropraktiker, Naturheilkundler, Masseure, Akupunkteure, Apotheker, Podologen, Kardiologen, Radiologen, Tai-Chi-Lehrer, Psychologen, Psychiater, Psychoanalytiker, Reflexologen, Yogalehrer, Direktoren von Sportclubs, Physiotherapeuten, Zahnärzte und alle möglichen Händler, die eine Vielzahl von Geräten anbieten, Prothesen, Maschinen, besondere Gerätschaften, Wunderpillen, Spezialschuhe, Armbänder, Kristalle und anderes Gri-Gri.

Die Spezialisten, die sich um die Familie kümmern, nennen sich Eheberater, Priester, die selbst keine Familie haben dürfen, Psychologen und spezialisierte Psychiater, Familienplaner, Sozialarbeiter und Buchhandlungen, die sich spezialisiert haben auf Titel wie: »Wie man in einer Minute täglich ein guter Vater wird«, »Wie man in einer Minute täglich zum guten Ehemann wird«, »Wie man in einer Minute täglich seinem Partner eine Freude macht« oder »Wie man in Nevada in drei Minuten geschieden wird«.

Die Spezialisten der Tonne *Arbeit* sind meistens Krawattenträger, die schlanken in zweiteiligen Anzügen, die etwas beleibten in dreiteiligen mit Weste: Es handelt sich um Pädagogen, Direktoren von Arbeitsvermittlungen, Orientierungsberater, Head-Hunter, Chefs, sehr spezialisierte Arbeiter, alle Arten von Ausbildern, Karriereberater, Leiter von Fortbildungsfirmen, Organisatoren von Fortbildungen, und außerdem Händler, die Arbeitsschuhe, Arbeitshandschuhe, Arbeitshelme, Arbeitskleidung, alle möglichen Werkzeuge und Maschinen und auch noch mit großem Erfolg Bücher verkaufen, mit Titeln wie: »Wie man weniger arbeitet und trotzdem mehr verdient«, »Manager werden in einer Minute«, »Werden Sie Ihr eigener Chef«, »Gründen Sie Ihre eigenes Unternehmen«.

Als er seinen Spaziergang über den Hafenkai fortsetzt und dabei vielen Menschen begegnet, wird dem Seemann klar, dass diese ganzen Spezialisten eines gemeinsam haben: Sie tendieren dazu, die Welt so zu erklären, wie es ihr eigenes Spezialgebiet erlaubt, und außerdem neigt jeder von ihnen dazu, seine eigene Fachrichtung als die wichtigste anzusehen.

Das Leben im Hafen ist perfekt organisiert, alles, was zu tun ist, ist einem Ministerium unterstellt: Es gibt ein Gesundheitsministerium, ein Familienministerium, ein Finanzministerium und natürlich auch ein Arbeitsministerium.

Der Aufgabenbereich jedes Ministeriums ist klar umrissen: Die Minister sind Spezialisten für Versprechungen, sie sind damit beauftragt, allen anderen Spezialisten Versprechungen zu machen. So verspricht der Gesundheitsminister, dass sich die Gesundheit verbessern wird, sobald die Mittel für den Kampf gegen die Krankheiten erhöht würden. Der Finanzminister verspricht, alles in seiner Macht Stehende zu tun, um die desaströsen Finanzen zu sanieren, die ihm sein Vorgänger hinterlassen hat. Der Arbeitsminister verspricht eine Verbesserung der Arbeitsbedingungen, wenn er erst eine Reihe von Reformen durchgesetzt hat, und der Familienminister verspricht ein Hausfrauengehalt und ein höheres Kindergeld.

Tag für Tag, Woche für Woche, Jahr für Jahr die ewig gleichen Versprechungen. Manche halten sie für notwendig, weil sie wie eine kühlende Salbe wirken könnten, die beruhigen und die unzähligen Ungerechtigkeiten, Irrtümer und offensichtlichen Inkohärenzen in unserem Gesellschaftssystem ein wenig abmildern könnte.

Trotz dieser bemerkenswert guten Organisation gibt es einige Details, die den Seefahrer irritieren: Die Ministerien sind nicht durch Aluminiumrohre miteinander verbunden, sie sind strikt voneinander getrennt, sie kommunizieren nicht wirklich miteinander – das bedeutet, dass die Gesundheit und die Arbeit nichts miteinander zu tun haben. Weder stehen die Finanzen und die Gesundheit in Beziehung zueinander, noch sind die Familie und die Arbeit miteinander in Verbindung. Von außen betrachtet vermitteln die Ministerien einen Eindruck von Kompetenz, Seriosität und Effektivität, sie scheinen vollkommen durchorganisiert zu sein. Die Beamten laufen stets mit Akten herum, sie halten alle möglichen Formulare bereit, sie reden, verweisen oft auf Vorschriften, geben Statements ab, die sich beruhigend anhören, und erklären, dass die Umwelt perfekt organisiert und unter Kontrolle sei. Diese Beamten machen den Eindruck, dass sie alle Antworten kennen, aber keiner von ihnen scheint bereit zu sein, Fragen zu stellen. Zum Beispiel kommt keiner auf die Idee, den Seemann zu fragen, woher er kommt, wohin er möchte, was er sucht oder einfach nur, wie es ihm geht. Das gibt dem Seefahrer nicht gerade ein sicheres Gefühl, er hat den Eindruck, dass das einzige, woran die Ministerien interessiert sind, die Kultivierung des Eindrucks von Macht, Kompetenz und Effektivität ist, wenn sie Schwierigkeiten, Krisen oder Problemen gegenüberstehen.

Manche Verhandlungspartner schlagen einen sehr ernsten Tonfall an, wenn sie erklären, dass bei Problemen dieser oder jener Art ein bestimmtes Formular ausgefüllt werden müsse, das genau für diesen Fall vorgesehen sei. Andere flüstern ihm zu, dass sie in jedem Fall in der Lage seien, den kleinen defekten Ball zu reparieren, er müsse sich nur einen Termin geben lassen, dann täten sie alles, um ihm zu helfen. Aber niemand äußert den Wunsch oder zeigt auch nur das geringste Interesse, eine umfassende Inspektion seines Floßes vornehmen, es testen oder seine Funktionsweise studieren zu wollen. Unser Seemann ist ein wenig enttäuscht, beschließt jedoch, nicht in dieser Stimmung zu verharren, und findet es schließlich verständlich, dass jeder Spezialist oder jeder Beamte sein eigenes Ziel verfolgen und ein eigenes Floß besitzen könnte.

Alle Spezialisten sind exzellente Ratgeber. Einer rät ihm, ein wenig mehr Luft in die Finanzen zu pumpen, man wisse schließlich nie … Ein anderer schlägt ihm vor, sich immer in der Nähe der Tonne *Arbeit* aufzuhalten, denn durch die ganzen Auslagerungen sei man vor nichts mehr sicher.

Ein dritter versichert ihm, dass seine Reise immer störungsfrei verlaufen könne, wenn er stets auf der Tonne *Familie* sitzen bleibe. Ein weiterer, sehr muskulöser, in kurzen Hosen rät ihm, sich mit dem Rücken auf die Tonne *Gesundheit* zu legen, um gymnastische Übungen zu machen. Er versucht sogar, ihm eine Maschine mit zweijähriger Garantiezeit auf Teile und Lohnkosten zu verkaufen, mit deren Hilfe er seine Muskeln so aufbauen könne, dass sie eines Gouverneurs von Kalifornien würdig seien, und dies ganz ohne Anstrengung.

Nach seinem Spaziergang kehrt der Seemann zurück an Bord. Er sagt sich, dass es für die Spezialisten nicht leicht sei, die Qualitäten seines Floßes einzuschätzen, und zwar aus gutem Grund. Denn jeder von ihnen spreche auf Basis seiner eigenen Geisteshaltung, gehe von seinen eigenen Überzeugungen und seinen eigenen Erfahrungen aus, die wiederum von seinem Blickwinkel und seinem Standpunkt abhängen. Nur der Seemann selbst ist an Bord in der Lage, den Wert seines Floßes abschätzen zu können. Nur er selbst weiß über den exakten Zustand jedes kleinen Balles Bescheid, nur er selbst kann die Emotionen nachempfinden, die aus den komplexen Verbindungen zwischen den Wellen, dem Meer, dem Wind und seinem schwimmenden Fahrzeug entstehen. Bei dem Gedanken an dieses wunderbare Geheimnis muss er lächeln.

Die Tonne Arbeit – die wichtigste aller Tonnen?

Eine unaufhörlich auf uns einströmende Propaganda möchte uns übrigens glauben machen, dass die Tonne *Arbeit* die wichtigste aller Tonnen sei. Jeden Tag konfrontieren uns Fernsehen, Tageszeitungen und Zeitschriften mit Analysen und Studien von Experten, mit anschließenden Kommentaren und Prognosen. Stunde um Stunde wird der Markt regelrecht diagnostiziert. Wie sieht der Arbeitsmarkt heute aus? Na ja, es geht so! Und die Börse? Unruhig.

Fest steht allerdings, dass sich die Wellen niemals beruhigen werden. Weil sie ständig mit Informationen bombardiert werden, in denen es um Fluktuation, Auslagerungen, Reduzierung von Personal, Inflation, Arbeitslosigkeit, Rezession und wiederholtes Negativwachstum geht, könnten einige Seeleute geneigt sein, in Verdrossenheit zu verfallen. Sie könnten sich dafür entscheiden, ihr Leben vertäut im Hafen zu verbringen, weil sie keinerlei Sicherheit haben, ob sie je ihre Tonne *Arbeit* finden werden oder sie behalten, wenn sie sich entscheiden, zu einem Abenteuer aufzubrechen. Ein gutes Abitur und ein jahrelanges Studium bedeuten nicht automatisch, dass man auch einen leichten Zugang zur Tonne *Arbeit* findet. So wie man sich davor hüten muss, die Tonne *Arbeit* gering zu schätzen, so sehr hat man aber auch darauf zu achten, sie nicht überzubewerten.

Ich selbst habe noch nie Schwierigkeiten mit der Tonne *Arbeit* gehabt, weil ich schon in jungen Jahren den festen Vorsatz hatte, nie in meinem Leben zu arbeiten. Weil ich ein sehr rebellischer Typ bin, und vielleicht auch aus einem Widerspruchsgeist meinem Vater gegenüber, der ein großer ›Arbeiter‹ war, ist mir diese Verherrlichung der Arbeit immer suspekt gewesen. Natürlich musste ich als Student in den Vereinigten Staaten Geld verdienen, um meine Studiengebühren und meine Miete bezahlen zu können. Mit meinem Abitur, einem zweijährigen Studium und meinem eher gebrochenen Englisch bestand mein erster Job darin, am Abend oder in der Nacht Büroräume oder Supermärkte zu reinigen. Mein Chef hieß Georges Greer, er war ein netter Typ. Gleich bei der ersten Begegnung hatte er mir den hochtrabenden Titel ›janitor‹ (Hausmeister) verliehen, ein Wort, das mir nach acht Jahren Englisch noch nicht bekannt gewesen war. Mit einem kleinen Schaber in der Hand wurde mir sehr schnell bewusst, wie viele Leute es gibt, die ihre Einkäufe mit offenem Mund machen, aus dem dann öfter mal ein Kaugummi fällt! Diese Aktivität war in meinen Augen keine richtige Arbeit, sondern eine Gelegenheit, mein Englisch zu verbessern und die Möglichkeit, andere Studenten aus Kanada, Australien oder Neuseeland kennen zu lernen. Vor allem aber verschaffte sie mir viele Gelegenheiten, bei den internationalen Wettrennen der Poliermaschinen in den rutschigen, eingeseiften Gängen der Supermärkte herzhaft lachen zu dürfen. Später in meinen Praxen war ich dann so sehr beschäftigt, dass ich niemals wirklich die Zeit hatte, zu arbeiten. Ich bin so vielen Menschen begegnet, die mir gerne ihr Vertrauen geschenkt haben, ich fand es immer schön, ihnen helfen zu können und gute Erfolge zu erzielen. In meinem jetzigen Alter hat sich das Problem mit der Arbeit erledigt. Heute bin ich zu alt, um anzufangen zu arbeiten. Also mache ich einfach weiter, was mir Spaß macht. Ich lese, ich lerne, ich studiere, ich nehme an Seminaren teil, ich gebe selbst Seminare und ich sehe weiterhin mit großer Freude viele verschiedene Seefahrer, die zu mir kommen, um mir alle möglichen Lebensgeschichten zu erzählen, die mich immer wieder in

Erstaunen versetzen. Während meiner zahlreichen Reisen habe ich etliche große Wellen und heftige Stürme erlebt und einige Ängste ausgestanden. Aber es ist mir während meines ganzen Lebens immer gelungen, gute Beziehungen zu meiner Tonne *Arbeit* zu unterhalten. Ich kann sogar sagen, dass diese Tonne mir in manchen schwierigen Situationen entscheidend geholfen hat, mein Gleichgewicht zu halten, so dass ich keinen Schiffbruch erleiden musste. Wir haben in gutem Einvernehmen gelebt, ich hatte immer großes Vertrauen in sie und sie hat mir nie einen Grund zur Beunruhigung gegeben.

Die Tonne *Arbeit* ist in hohem Maße abhängig von unserer geistigen Einstellung. Es ist weder möglich, die Wellen zu kontrollieren, noch die ganzen wirtschaftlichen Faktoren zu beherrschen, die sich auf die Auftragsbücher der Firma, in der Sie arbeiten, auswirken. Andererseits kann es Ihnen aber gelingen, Ihre Emotionen, Ihre Gedanken, Ihre Kreativität, Ihre Neigungen und Ihre Freuden zu kontrollieren. Und sie können jederzeit Ihre Anpassungsfähigkeit weiterentwickeln, indem Sie flexibel, offen für Erfahrungen, tolerant und aufgeschlossen bleiben. C. G. Jung sagte, um die anderen lieben zu können, müsse man zuerst sich selbst lieben. Um ein gutes Floß bauen zu können, muss man erkennen, dass man selbst und niemand anderer die wichtigste Person ist. Dabei handelt es sich nicht um Egozentrik, sondern um Intelligenz. Welche Tätigkeit Sie auch ausüben, ob Sie Kellner in einem Restaurant sind, Kaufmann, Spezialist, leitender Angestellter, Beamter oder Präsident, wenn Sie diese Tätigkeit ohne Freude ausüben, ohne Herausforderung für Ihre Intelligenz, ohne Hoffnung sich weiterzuentwickeln und zu wachsen, wird alles, was Sie tun, schnell langweilig werden, geisttötend, traurig und immer ermüdender und tödlicher. Es liegt auf der Hand, dass diese Art von Emotionen weder dazu führen wird, dass Sie sich selbst lieben, noch dass Sie sich respektieren. Wenn Sie sich in einem solchen mentalen Zustand befinden, können Sie dann die Lust und die Energie aufbringen, ein wenig Zeit in die Tonne *Familie* zu investieren, die Ihre Hilfe vielleicht gut gebrauchen könnte?

In meine Praxis kommen oft unglückliche Menschen, die schon seit Monaten oder Jahren leiden. Die Schwere und der chronische Verlauf der Beschwerden lassen keine besonders fröhliche Geisteshaltung zu. Viele sagen, sie fühlten sich deprimiert, energielos und ohne Antrieb. Am Ende der Behandlung gebe ich dann oft den folgenden Rat:

»Wenn Sie heute Abend nach Hause kommen, so zwingen Sie sich, mit Ihren Gewohnheiten zu brechen. Nehmen Sie eine hübsche Tischdecke aus dem Schrank und decken Sie für Ihre Familie den Tisch, als hätten Sie einen König zu Gast. Legen Sie jedes Messer, jede Gabel und jede Serviette und stellen Sie jedes Glas so sorgfältig auf den Tisch, als hinge Ihr Leben davon ab. Dann suchen Sie eine Vase, stellen ein paar Blumen hinein und platzieren Sie sie mitten auf dem Tisch. Wenn Sie sich zum Beispiel entscheiden, einen einfachen Salat zu machen, dann waschen Sie sorgfältig jedes einzelne Blatt, säubern Sie jedes Radieschen und jede Karotte so gut wie möglich. Nehmen Sie sich alle Zeit der Welt, machen Sie keine hektischen Bewegungen und sagen Sie sich, dass Sie das Beste von sich selbst in diese Arbeit investieren. Wenn Sie damit fertig sind, werden Sie nicht einfach einen Salat in einer Schüssel auf einem Tisch stehen sehen, Sie werden die Sorgfalt, die Geduld und die Liebe sehen, die Sie in diese banale und alltägliche Arbeit investiert haben. Dann werden Sie verstehen, dass das, was Sie vor Augen haben, nicht vom Zufall oder vom Glück abhängt, sondern allein von Ihnen selbst. Diese geistige Einstellung ist eine völlig andere, weil Sie es der Küche nicht erlauben, Ihnen ein Verhalten vorzuschreiben. Sie selbst sind es, der in der Küche bestimmt, Sie gestalten die Küche nach Ihren eigenen Regeln.

Wenn Ihre Familie nach Hause kommt, wird sie den Unterschied sofort erkennen. Man wird Sie fragen, was los ist, aber Sie werden nicht antworten, Sie werden nur lächeln können. Ihr Lächeln wird Ihrer Familie gut tun, denn Ihre Traurigkeit hatte auch sie traurig gemacht. Ihr Mann oder Ihre Kinder werden sich freuen, und Sie selbst werden eine veränderte Sichtweise haben, was wenige Tage vorher noch nicht möglich gewesen wäre, weil Sie in Ihrem Gefängnis eingesperrt waren. Das Leuchten in den Augen Ihrer Lieben wird Ihrem Herzen gut tun. Wenn sich Ihr Herz besser fühlt, stehen die Chancen gut, dass es sich die Zeit nimmt, einige E-Mails zu verschicken, an Ihren Kopf, Ihren Bauch und an verschiedene andere Adressen, um die Neuigkeit zu verbreiten, dass es Ihnen besser geht.«

Es ist schon verrückt, wie empfindlich die Flöße reagieren, wenn man nur ein Segel ein kleines bisschen fester spannt oder ein wenig löst oder das Ruder einige Grad in die eine oder andere Richtung verstellt. Selbst die winzigste Steuerbewegung bewirkt eine sofortige Verhaltensänderung. Durch das Leben zu navigieren, ist keine gleichförmige Angelegenheit. Im Gegenteil, während der gesamten Reise sind jeden Tag Bewegungen und Veränderungen im Gange, die eine Vielzahl kleiner Steuerungsbewegungen erfordern, die den ganzen Unterschied ausmachen. Diese Nachjustierungen richtig durchzuführen, führt zu Selbstvertrauen, das immer gepflegt werden muss. Weder Geld oder Öl, noch Kohle oder Holz sind der beste Treibstoff für einen Seemann. Der beste Treibstoff sind Emotionen.

Auch auf die Gefahr hin, dass er von unvorhersehbaren Wellen, die vom Ende der Welt kommen, hin und her geworfen wird, ist es für den Seefahrer wichtiger denn je, zuerst an seine eigenen Prioritäten zu denken. Luft und Wasser sind solche unabdingbaren Prioritäten für alle Seeleute des Planeten.

Natürlich ist die Tonne *Arbeit* direkt mit der Tonne *Finanzen* verbunden, sicher könnte derjenige, der weder eine Tonne *Finanzen* noch eine Tonne *Arbeit* hat, kentern oder in ernsthafte Schwierigkeiten geraten, schon bevor er überhaupt aus dem Hafen ausläuft. Aber derjenige, der eine gute Tonne *Gesundheit* und eine gute Tonne *Familie* besitzt, die so wichtig für die Emotionen und die Geisteshaltung jedes Seemanns sind, verfügt über bessere Chancen, sich eine

Tonne *Arbeit* und eine Tonne *Finanzen* zurechtbasteln zu können, die dem Meer standhalten. Worauf könnte der Seemann alleine auf seinem Floß hoffen, wenn er keine gute Gesundheit hätte? Wie lange könnte er sich an seiner Tonne *Finanzen* erfreuen, wenn er krank oder leidend wäre? Wie viele Seeleute gibt es, die dreißig oder vierzig Jahre auf ihrer Tonne *Arbeit* verbracht haben, um dann wenige Monate oder Jahre nach Eintritt in den Ruhestand vorzeitig abzutreten? Ein armer und bedauernswerter Seemann bei guter Gesundheit wird jedenfalls immer glücklicher sein als ein kranker König.

Eine Tonne *Arbeit* kann eine begrenzte Lebensdauer von sechs Monaten, zwei Jahren oder zehn Jahren haben, es sind viel zu viele Faktoren im Spiel, um eine Prognose riskieren zu können. Es ist nicht sinnvoll, grenzenloses Vertrauen in die Tonne *Arbeit* zu setzen. Viele Seeleute geben sich sehr viel Mühe für wenig Lohn, während andere enorm viel Geld verdienen, ohne viel zu arbeiten. Dagegen begleitet die Tonne *Gesundheit* den Seemann bis zum letzten Tag seiner Reise, sie ist sein eigentliches Überlebenskapital. Was die Tonne *Familie* betrifft, ruft schon die Nennung ihres Namens Emotionen wach, die dem Leben seine ganze Wärme und seinen Sinn geben. Haben Sie die Liebe Ihrer Großeltern oder Ihrer Eltern vergessen? Erinnern Sie sich noch an das Gefühl, als Sie Ihr erstes Kind oder Enkelkind im Arm hielten? Diese Emotionen, das sind »Sie« – und »Sie« sind diese Emotionen.

Die Tonnen *Arbeit* unserer Großeltern und unserer Eltern hatten sehr viel mit Muskelkraft zu tun, denn damals herrschte uneingeschränkt das materielle Zeitalter der Industrie und der Waren. Heute, in einer mit Waren übersättigten Gesellschaft, sind solche Tonnen immer weniger verbreitet, denn wir leben in einer Dienstleistungsgesellschaft, und das bedeutet, dass das Lebendige, der Mensch, die Szene beherrscht. Nicht mehr Muskeln und Kraft stehen im Vordergrund, sondern die Intelligenz, die Gedanken und die Emotionen der Menschen sind dabei, sich das Recht auf freie Entfaltung zu erkämpfen. Die Tonnen *Arbeit* der Flöße unseres Zeitalters definieren sich kaum mehr über die Anzahl der Arbeitsstunden oder die Menge der täglich bewegten Massen, sondern werden an der Intelligenz, dem Vorstellungsvermögen und der Fähigkeit, Verbindungen einzugehen, gemessen.

Die Intelligenz des Wassers liegt in der Verbindung zwischen dem Wasserstoff und dem Sauerstoff. Die Intelligenz eines Organs basiert auf der

Verbindung zwischen einer bestimmten Zahl von Geweben und einer bestimmten Zahl von Zellen. Die Intelligenz des menschlichen Körpers verdanken wir den guten Verbindungen zwischen seinen verschiedenen Strukturen. Die Intelligenz einer Gesellschaft setzt gute Verbindungen zwischen den einzelnen Mitgliedern dieser Gesellschaft voraus. Das Überleben jedes Einzelnen von uns setzt die Fähigkeit voraus, sich mit anderen verbinden zu können. Jeder Mensch ist das Resultat einer erfolgreichen Verbindung zwischen einem Mann und einer Frau. Die Intelligenz eines schwimmfähigen Floßes setzt gute Verbindungen zwischen den Tonnen voraus. Damit eine Verbindung überhaupt möglich wird, müssen zwei unabdingbare Voraussetzungen erfüllt sein: Information und Kommunikation.

Wenn man in einer Dienstleistungsgesellschaft, in der rund um die Uhr Informationen ausgetauscht und kommuniziert werden, darauf hoffen will, sich einer Tonne *Arbeit* erfreuen zu können, die einer sich ständig verändernden See standhält, ist es von fundamentaler Bedeutung, beweglich und kreativ zu sein, Unterschiede zu respektieren und aufmerksam die verschiedenen Innovationsmöglichkeiten zu verfolgen. Es genügt zum Beispiel nicht, sich damit zufrieden zu geben, Millionen Autos zu produzieren, man muss sie auch verkaufen können, was voraussetzt, dass man Kunden findet, sie anlockt, überzeugt und an sich bindet. Um das zu erreichen, ist es sinnvoll, sich mit großer Aufmerksamkeit ihren Wünschen und Vorlieben zu widmen. Wenn man es versteht, sich die Zeit für den Aufbau von guten Kontakten und Verbindungen zu nehmen, dann ist dies eine Investition in die Zukunft und man gewinnt später sehr viel Zeit und Effizienz.

Die Aufgeschlossenheit gegenüber einem anderen Menschen, indem man ihn wahrnimmt und ihm zuhört, erleichtert den Austausch von Informationen. Dies führt zu einem besseren gegenseitigen Verständnis der Menschen untereinander, verlangt jedoch, dass wir den anderen respektieren und unser eigenes Ego zurückstellen. Es ist interessant festzustellen, dass diese Aufgeschlossenheit keiner Anstrengung bedarf und keine besondere Leistung erfordert. Aufgeschlossen zu sein ist so natürlich wie atmen.

III

Die Praxis

Schon Seneca sagte: »Wenn ein Mensch nicht weiß, welchen Hafen er ansteuert, gibt es keinen günstigen Wind.« Und wohin gehen Sie? Wohin wollen Sie? Was würde Sie vollkommen glücklich machen? Wie ist Ihre Lage? In welchem Zustand befindet sich Ihr Floß? Liegt eine der Tonnen tiefer im Wasser? Oder zwei; gar alle vier Tonnen? Es spielt keine entscheidende Rolle. Nur weil Sie jetzt den Eindruck haben, Ihr Floß bewege sich langsam wie ein Krebs, muss dies nicht ein ganzes Leben lang so bleiben. Flöße reagieren sehr sensibel, die kleinste Justierung einer Tonne oder eines Segels kann alles verändern.

Ich kenne den genauen Zustand Ihrer Tonnen nicht, kann also deren Widerstandkraft und Schwimmfähigkeit nicht einschätzen. Außerdem muss ich zugeben, dass ich zu der Kategorie von

Spezialisten gehöre, die sich vor allem für den Zustand der Tonne *Gesundheit* interessieren. Wie jeder Spezialist dieser Art könnte ich die Tonne *Gesundheit* für die wichtigste halten. Aber mit den gerade gestellten Fragen kommt für Sie die Zeit, Ihre eigene Bilanz zu ziehen, alleine, in einem stillen Winkel und so ehrlich wie möglich. Dieser Augenblick ist ein wenig feierlich, geht es doch darum, dass Sie Ihr eigenes Logbuch beginnen, Ihr Schiffstagebuch. Jetzt kann ich Ihnen genau sagen, was in Ihrem Kopf vorgeht. Ihr Bewusstsein sagt: »Okay, gute Idee, ich werde eine Bilanz meiner Tonnen erstellen, ich werde über meine Lage nachdenken.« Und Ihr Unterbewusstsein, das Sie in- und auswendig kennt, flüstert Ihnen ins Ohr: »Warum soll ich mir jetzt den Kopf zerbrechen? Lieber morgen.« Man kann dieses Lieblingswort aller Faulen Tag für Tag wiederholen, bis zum Tag des Untergangs, der auch morgen sein könnte. Wenn Sie Zeit gewinnen möchten, dann wagen Sie es *jetzt*, ein wenig Zeit zu verlieren. Es spielt keine Rolle, ob Sie gerade den Eindruck haben, die Queen Mary zu steuern oder eine Sardinenbüchse. Eine ehrliche Erkenntnis ist der Ignoranz immer vorzuziehen. Also haben Sie etwas zum Schreiben da? Falls gerade kein Papier zur Hand ist, können Sie die folgenden Seiten beschreiben, die ich extra für diesen Zweck freigehalten habe. Zögern Sie nicht, für jede Tonne alles zu notieren, was Ihnen durch den Kopf geht, was Ihnen in gutem Zustand erscheint, was brauchbar ist oder, im Gegenteil, was ihrer besonderen Fürsorge bedarf.

Füllen Sie bitte zunächst jeweils nur die beiden Spalten zur Bestandsaufnahme »positiv/negativ« aus.

Die Tonne Gesundheit

positiv	negativ

Die ideale Tonne Gesundheit

Die Tonne Familie

positiv	negativ

Die ideale Tonne Familie

Die Tonne Finanzen

positiv	negativ

Die ideale Tonne Finanzen

Die Tonne Arbeit

positiv	negativ

Die ideale Tonne Arbeit

Die Zeit des Träumens

Haben Sie schon Ihre Liste über den Zustand Ihrer Tonnen erstellt? So objektiv wie nur möglich? Gut, dann kann die Zeit des Träumens beginnen. Ob es darum geht, eine Rakete auf den Mond zu schießen, ein Haus zu bauen, einen Beruf zu wählen, einen Spaziergang oder eine Reise zu unternehmen, ein altes Auto, ein altes Haus oder ein altes Floß zu restaurieren, immer steht am Anfang eine Vorstellung, ein Traum oder eine mehr oder weniger ausgefallene Idee, die uns durch den Kopf geht. Auf der einen Seite des Blattes haben Sie jeweils den aktuellen Zustand Ihres Floßes festgehalten, Sie haben sich sinnvollerweise die Mühe gemacht, alles zu notieren, das heißt Ihre momentane »objektive Realität«. Jetzt können Sie die Rückseite jedes Blattes dazu verwenden, zu notieren, wie Sie sich die Tonnen Ihres idealen Floßes vorstellen. Dies ist keine Hausaufgabe, es gibt keine guten oder schlechten Zensuren, es handelt sich lediglich um eine Übung für Ihre Vorstellungskraft. Sie können jederzeit etwas ausradieren, Sie können einen oder mehrere kleine Bälle wegnehmen oder hinzufügen. Sie sind frei, zu wählen und zu entscheiden. Und Sie haben das Recht, jederzeit Ihre Meinung zu ändern. Schließen Sie die Augen, und lassen Sie die Bilder entstehen, träumen Sie.

Wie würde zum Beispiel Ihre ideale Tonne *Gesundheit* aussehen, wenn Sie sie zeichnen müssten? Wären Sie gerne einige Kilos leichter oder schwerer? Würden Sie gerne auf einige altbekannte Schmerzen verzichten? Würden Sie sich eine bessere Beweglichkeit wünschen? Sie würden gerne Ihr Risiko, sich eines Tages ein neues Knie oder eine neue Hüfte aus Metall gönnen zu müssen, reduzieren? Sie wünschen sich vielleicht, einmal nicht an Ihre Wirbelsäule denken zu müssen?

Welche Tonne *Familie* möchten Sie haben, sehen Sie sie schon vor Ihren Augen? Wie viele Kinder oder Enkel sehen Sie durch Ihr Wohnzimmer rennen? Wäre es nicht schön, sich noch einmal neu unsterblich in Ihre Frau, Ihre Freundin oder in Ihren Mann zu verlieben? Wäre es nicht angenehm, ein Familienleben zu führen, das nicht auf Pflichten, Verpflichtungen und Besitzdenken aufgebaut ist, sondern auf Gemeinsamkeiten, gegenseitigem Respekt und Offenheit. Eine Familie zu haben, die von Verständnis und gegenseitiger Unterstützung geprägt ist?

Wie sähe die Tonne *Finanzen* aus, von der Sie träumen? Ich frage mich, ob Sie auf Ihrem Blatt überhaupt genug Platz haben, Ihre Tonne *Finanzen* zu zeichnen? Vielleicht wäre Ihnen hier eine Doppelseite lieber gewesen? Aber Vorsicht, diese Tonne *Finanzen* kann die Gestalt einer Sirene annehmen, der man nur schwer widerstehen kann. Der Beweis dafür ist die große Zahl an Schiffbrüchen, von denen man jeden Tag hört.

Die ideale Tonne *Arbeit*, wie könnte sie aussehen? Ist sie in Ihrer Fantasie größer oder kleiner? Gefällt Sie Ihnen oder macht sie Sie deprimiert und traurig? Manche von Ihnen könnten geneigt sein zu glauben, dass es besser wäre, gar keine Tonne *Arbeit* zu haben, aber das Fehlen dieser Tonne könnte dem Gleichgewicht des Floßes schaden. Auch dafür wimmelt es an Beispielen, die wir alle kennen.

Nehmen Sie sich ein wenig Zeit, sich Ihr Traumfloß vorzustellen. Ein Floß, das Ihnen erlauben würde, sich im Gleichgewicht zu fühlen und sich dem Unbekannten, der Zukunft und den unvorhersehbaren Wellen vertrauensvoll zu stellen. Welche Art von Floß würde Ihnen eine sichere und angenehme Reise ermöglichen?

Eine Sache des Gleichgewichts

Es kann kein Standardfloß geben. Wenn man die große Anzahl unterschiedlicher kleiner Bälle betrachtet, so ist die Wahrscheinlichkeit, dass zwei Flöße genau gleich sind, ungefähr so groß wie die eines Lottogewinns oder des Zusammentreffens mit einem Menschen, der die gleichen Fingerabdrücke hat wie Sie. Es gibt alle möglichen Arten von Flößen, schnelle, langsame, kleine, große, mittlere, neue und ältere. Sie können in unterschiedlichen Farben angestrichen sein, sehr schick aussehen oder vernachlässigt hinten im Hafen auf Grund liegen. Das Wichtigste für ein Floß ist weder seine Farbe noch seine Größe oder sein Alter. Das Wichtigste ist, dass Sie sich vergewissern, dass Ihr Floß über die besten Voraussetzungen verfügt, dem Meer standhalten zu können und navigierfähig zu bleiben. Wenn es gut im Wasser liegt, kann Spielfreude aufkommen, und es lässt sich mit den Wellen spielen und den Wind ausnutzen wie im Rausch. Manchmal kann man Leute beobachten, die sich richtig in ihr Floß verlieben oder eine leidenschaftliche Liebe für einen

Ozean entwickeln, der ihnen vorher feindlich oder bedrohlich erschienen war. Wenn das Floß aber schlecht im Wasser liegt, kann es kein gutes Meer und keine günstige Umgebung geben, weil die kleinste Welle oder die kleinste Veränderung zu einer gefährlichen Situation oder sogar zum Kentern führen kann. Nicht die Umwelt spielt dabei die entscheidende Rolle, sondern das dynamische Gleichgewicht des Seefahrers auf seinem Floß. Sein balancierender Kontakt zum Wasser, das immer in Bewegung ist und sich ständig verändert, entscheidet über Überleben, Wohlbefinden und Gesundheit des Seemanns.

Statt eine gewissenhafte Bilanz zu erstellen, die sie zwingen würde, der Wahrheit ins Gesicht zu sehen und notwendige Reparaturen durchzuführen, schließen manche Menschen lieber die Augen und hoffen darauf, dass sich die Dinge von selbst erledigen oder ein anderer auf die blendende Idee kommt, die Arbeit für sie zu übernehmen. Die guten Gläubigen unter ihnen sind leicht zu erkennen, denn zwischen den zwei bis fünf täglichen Gebeten spazieren sie im Hafen herum, statt an ihrem Floß zu arbeiten. Dort reden sie mit lauter Stimme und im Tonfall von Experten vom Wetter, wie es gestern war und heute oder vielleicht morgen sein wird. Es gibt dort auch eine beachtliche Zahl wunderschöner Flöße, die niemals in See stechen. Traurigerweise geben sich ihre Eigner damit zufrieden, dass ihr Floß ständig an den Leinen hin und her schaukelt. Sie warten auf den einen, der kommen und ihnen garantieren wird, dass während ihrer ganzen Reise das Meer ruhig und die Winde günstig und stabil sein werden. Manche Flöße hingegen haben bereits mehr als neunzig Jahre auf dem Buckel und warten jeden Tag noch ungeduldig darauf, einen Ausflug aufs Meer genießen zu können. Die Seeleute an Bord haben einen agilen Körper, sie haben noch immer ein Leuchten in ihren Augen, wie die Kinder, weil sie noch immer die gleiche Freude empfinden, wenn sie mit den Wellen spielen. Sie lieben es zuzuschauen, wenn die Wolken über den Himmel ziehen, sie kennen die Winde und die Strömungen, sie achten auf das kleinste Detail. So bleiben sie stets Herr der Lage. Statt sich zu beklagen und zu richten, statt in der Hoffnung auf bessere Tage zu verharren, sagen sie jeden Tag »danke«. Denn sie sind dankbar, ein Leben genießen zu können, das immer noch reich an Überraschungen und Freuden ist, und dass sie nicht unter ihren Menisken oder ihrer Wirbelsäule leiden müssen. Manchmal passiert es auch, dass Flöße Schiffbruch erleiden, weil ihre jungen Seeleute glauben, es sich leisten zu können, die Wellen zu durchschneiden, als hätten sie Rennboote. Andere Seeleute starten mit einer beschädigten Tonne und erklären lachend, drei Tonnen reichten aus. Wieder andere laufen mit vier leicht platten Tonnen aus, ohne es zu bemerken. Besonders die arme Tonne *Gesundheit* wird leider allzu oft vernachlässigt. Der Präventionsgedanke ist quasi inexistent, viele Seeleute sind der Meinung, dass es erlaubt sei, dieser Tonne alles zuzumuten, vor allem deshalb, weil es in allen Häfen der Welt eine große Zahl von Spezialisten gibt, die nur darauf warten, eingreifen zu können, wenn Probleme auftauchen.

Ein guter Seemann denkt anders, er sagt sich, dass es einfacher ist, regelmäßig kleine Inspektionen vorzunehmen, als das Risiko einer ernsthaften Panne in Kauf zu nehmen, die meistens dann auftritt, wenn man am wenigsten damit rechnet. Damit wir uns richtig verstehen: Alle diese Situationen haben nur sehr wenig mit Glück zu tun, sie hängen hauptsächlich vom Seemann ab, von seiner Professionalität, seiner Seriosität, seiner Erfahrung, seiner Vorsicht, seinem Respekt vor dem Floß und vor dem Meer. Es gibt alle erdenklichen Modelle von Flößen. Es gibt so viele verschiedene Flöße, wie es Seefahrer gibt.

Allein der Besitz der Tonnen reicht nicht aus, es ist absolut erforderlich, mit jeder von ihnen eine ausgewogene Beziehung zu unterhalten und das Gleichgewicht zu pflegen. Wenn Sie sich zufällig dafür entscheiden, die Tonne *Arbeit* dermaßen zu favorisieren, dass Sie sich vollkommen in ihren beruflichen Tätigkeiten verlieren, zum Schaden ihrer *Gesundheit* oder ihrer *Familie*, so liegt es auf der Hand, dass ihr Floß über kurz oder lang sehr unkomfortabel werden kann. Alle Tonnen reagieren sehr feinfühlig, aber man sollte nicht vergessen, dass das Leben der Tonne *Arbeit* auf etwa 70 000 Stunden geschätzt wird, (40 Stunden × 4 × 10 Monate × 40 Jahre = 64 000 Stunden), also auf etwa 10 % der Lebenszeit, während die Emotionen, die mit der Tonne *Familie* zusammenhängen, während des ganzen Lebens fortbestehen. Einige Seefahrer treffen manchmal den radikalen Entschluss, die Tonne *Familie* komplett auszutauschen. Sie stellen sich vor, mit einer ganz neuen, jungen Tonne oder einer verjüngten, die vielleicht fünfzehn Jahre weniger auf dem Buckel hat, wieder bei Null anzufangen. Diese Vorstellung trägt jedoch nie sehr lange, denn trotz der Veränderungen sind die mit der ersten Tonne *Familie* verbundenen Emotionen in ihrem Bauch, Herz und Kopf, ja sogar auf ihre Haut eintätowiert. Haben

Sie bei Ihren Hafenspaziergängen bemerkt, wie viele tätowierte Seeleute es gibt?

Wenn Sie trotz eines deutlichen Ungleichgewichtes weiterhin den größten Teil ihrer Anstrengungen in die Tonne *Arbeit* investieren und dafür alle möglichen guten Gründe, Rechtfertigungen und Entschuldigungen anführen, werden sich bald Müdigkeit, Abgespanntheit und Stress einstellen, was nicht ohne Auswirkungen auf Ihre Leistungsfähigkeit, Ihr Arbeitspensum und etwas später auf Ihr Engagement und die Qualität Ihrer Arbeit bleiben wird. Ihr Chef, die Kollegen oder die Kunden werden Sie dies auf die eine oder andere Weise spüren lassen. Der Rückgang der Widerstandsfähigkeit wirkt sich außerdem verheerend auf Ihr Immunsystem aus. Auf dem Floß machen die Wellen niemals eine Pause. Gebeutelt von Stress und Müdigkeit und mit einem angegriffenen Immunsystem, wird sich Ihre aus dem Gleichgewicht gebrachte Tonne *Gesundheit* bald gezwungen sehen, Ihre Aufmerksamkeit auf sich zu lenken, indem sie Ihnen Signalbotschaften in Form von Symptomen schickt, die sich Schlaflosigkeit, Kopfschmerzen, Schwindel, Bulimie, Bandscheibenprobleme, Magengeschwüre oder Herzattacken nennen und die leider alltäglich geworden sind. Glücklicherweise liegen in unserer perfekt organisierten Gesellschaft die dynamischsten Spezialisten bereits auf der Lauer, während die weniger dynamischen Wache halten, sie können sich unter keinen Umständen erlauben, die Augen zu schließen. Sie warten, stets bereit, Ihnen ein künstliches Herz anzubieten oder eine Operation, bei der Ihnen die Hälfte des Magens entfernt wird, gefolgt von einer weiteren, die Sie von einigen Ihrer Bandscheiben befreien wird, während die modernsten Spezialisten heute nicht zögern, Ihnen zu einer Reinigung des Wirbelkanals zu raten, um die Risiken einer Stenose zu verringern. Alle diese Eingriffe werden gewürzt mit allen möglichen Sorten von kleinen bunten Pillen, für einen besseren Schlaf, zur Beruhigung, um zu vergessen, dass Sie einen Kopf haben oder wie Sie heißen. Damit Sie die Pillen leichter schlucken können, gibt es eine angenehme Nachricht: Alle diese Behandlungen sind für Sie gratis, denn sie werden von den Krankenkassen bezahlt und die Nebenwirkungen werden als sehr gering eingeschätzt, denn sie stehen immer nur ganz klein gedruckt auf dem Beipackzettel.

Alles ist miteinander verbunden, nichts existiert für sich alleine. Wenn die Tonne *Arbeit* Ihr ganzes Denken beherrscht, kann sich dies nicht nur schädigend auf Ihre Gesundheit auswirken, sondern auch Ihrer Familie schaden und wird auf die eine oder andere Weise schließlich auch Ihre Finanzen angreifen. Wenn Sie Ihre Tonne *Arbeit* oder Ihre Tonne *Finanzen* bevorzugen, so ist es wahrscheinlich, dass Ihre familiären Beziehungen dadurch gestört werden. Wenn andererseits Ihre Tonne *Familie* nicht stabil im Wasser liegt, wie lange wird es Ihnen dann noch möglich sein, sich mit gutem Gewissen auf die *Arbeit* oder die *Finanzen* zu konzentrieren? Die Wechselbeziehungen zwischen den Tonnen haben nichts Geheimnisvolles oder Magisches an sich, sie gehorchen einer unerbittlichen Logik. Es ist praktisch unmöglich, auch nur irgendeinen Faktor zu vernachlässigen, denn bereits das kleinste Detail kann das Gleichgewicht des ganzen Systems stören. Nehmen wir einmal an, ein Seemann erfährt, dass sein Sohn oder seine Tochter, für die er nicht die Zeit hatte, sie aufwachsen zu sehen, in der Schule große Schwierigkeiten hat. Glauben Sie, er sei dann noch in der Lage, sich in den Hafen zu begeben oder in sein Büro, als sei nichts geschehen? Stellen Sie sich vor, Ihre Ehepartnerin teilt Ihnen mit, dass es ihr sehr gut tue, jeden Monat eine Woche ohne Sie zu verreisen. Wären Sie dann noch in der Lage, sich auf Ihren Bildschirm konzentrieren zu können? Nein, bestimmt nicht!

Denn Sie müssten sofort an einen Strand denken, an das Meer und die Kokospalmen, und Sie hätten natürlich Angst, sie könnte sich einen Sonnenbrand holen. Um sich zu beruhigen, könnten Sie sich natürlich vorstellen, dass sich immer eine gute Seele in der Nähe findet, die es sich nicht nehmen lässt, Ihre Partnerin mit Sonnenöl einzureiben. Da fällt es schwer, gelassen zu bleiben, weiterzulächeln und aufmerksam die Beschwerden Ihrer Kunden, Ihres Chefs oder Ihrer Kollegen entgegenzunehmen. Es besteht nicht der geringste Zweifel, dass gute familiäre Beziehungen, positive Emotionen und ein gutes Gefühlsleben Ihre Leistungsfähigkeit bei der Arbeit und Ihren Gesundheitszustand beeinflussen und sich das Ganze entscheidend auf Ihre Finanzen auswirkt. Eine Frau, die ihren Mann verliert, hat ein fünf Mal so hohes Risiko, an Krebs zu erkranken. Zufall? Hat sie kein Glück? Liegt es am Wetter? Gibt es kein Krankenhaus? Keine Spezialisten? Ist die Krankenkasse schuld? Nein, das Gleichgewicht des Floßes, das im Körper Immunsystem heißt, ist gestört. Es ist gut, sich immer vor Augen zu halten, dass jeder Chef, jeder Verantwortliche und jeder Spezialist, genau wie Sie, Ihre Frau, Ihre Schwiegermutter, Ihr Schwiegervater oder ich, auch ein Seemann ist, der ebenfalls ein Floß hat, das aus den Tonnen *Gesundheit*, *Familie*, *Finanzen* und *Arbeit* aufgebaut ist. Seit die Welt existiert, ist der Wettlauf um das Gleichgewicht eine existenzielle Notwendigkeit für jedes Individuum. Das Gleichgewicht des Spezialisten auf seinem persönlichen Floß ist direkt proportional zu dem Ungleichgewicht der Seeleute auf den anderen Flößen. Es sind nicht Gleichgewicht, Wohlbefinden und Glück, die die Taschen der Spezialisten füllen, sondern Ungleichgewichte, Ängste, Verunsicherung und Navigationsfehler.

Deshalb blickt ein Seemann weit voraus. Um Notfällen vorzubeugen, um die Risiken von Schiffbrüchen oder die teure Inanspruchnahme von Spezialisten zu vermeiden, sollte jeder Mensch sein Bestes geben, um sein eigener Generalist zu werden. Ein verantwortlicher, vorausschauender Generalist, der voller Begeisterung über sein Gleichgewicht wacht und sich für alles interessiert, was seine Gesundheit, sein Gefühlsleben, sein Familienleben, seine finanzielle Situation oder seine verschiedenen Arbeitsmöglichkeiten beeinflussen könnte. Der Blick eines Generalisten ist umfassend, er hält stets die Augen offen, ist neugierig auf alles, sucht nach Informationen, interessiert sich für Wissenschaft und Philosophie und achtet auf die Umwelt. Denn er hat verstanden, dass menschliche Aktivitäten, welche es auch immer sein mögen, sich direkt oder indirekt die Macht verschafft haben, alles Lebendige zu beeinflussen. Wir wissen heute, dass unsere Umwelt nicht endgültig, stabil und festgelegt ist, nicht schwarz oder weiß und nicht geneigt, sich den Dekreten und Verordnungen automatisch unterzuordnen. Weil sich die Umwelt ständig weiterentwickelt und verändert, muss der Generalist offen für alle Informationen bleiben, wenn er das wunderbare Spiel der wechselseitigen Verbindungen, die die Welt und das Leben steuern, durchschauen will. Während der Spezialist seine Anstrengungen auf einen bestimmten, klar definierten Aspekt konzentriert, verfügt der Generalist über eine breit gefächerte Datenbank, die sich ständig erweitert und es ihm erlaubt, besser zu sein und sogar verstehen zu können, warum jeder Seemann und jedes Floß in jeder Sekunde Ausdruck einer neuen, sich entwickelnden einzigartigen Situation sind. Überleben bedeutet für den Seefahrer und sein Floß ganz einfach die Fähigkeit, in den Fluten, die von Natur aus und seit undenklichen Zeiten unkontrollierbar und veränderlich sind, das bestmögliche Gleichgewicht zu halten. Der Seefahrer sucht sich nicht das Meer aus, es ist das Meer, das ihn ausgesucht hat.

Kein Floßbau ohne Regeln

Nun geht es darum, Ihre Überzeugungen und Träume mit der praktischen Realisierung Ihres Floßes in Einklang zu bringen. Könnte es einen Spezialisten geben, der diese Arbeit erledigen könnte? Nein, denn es ist eine Arbeit für einen Generalisten, zu viele Faktoren spielen eine wichtige Rolle und wer, wenn nicht Sie selbst, kann behaupten, Ihre früheren Erfahrungen, Träume, Ambitionen und Wünsche zu kennen? Als Hilfe steht Ihnen jenes wunderbare Werkzeug zur Verfügung, das sich Bewusstsein nennt. Nicht irgendein Bewusstsein, Ihr eigenes! Nur Sie selbst sind in der Lage, sich mit guten Erfolgschancen an diese Operation zu wagen. Niemand kann sich an Ihrer Stelle an diese Aufgabe machen. Angesichts der großen Vielfalt der Seeleute, der Flöße und der verschiedenartigen Umweltsituationen wäre es vermessen, zu behaupten, man könne alle Regeln und endgültigen Prinzipien für die Konstruktion eines Floßes definieren, das für jeden perfekt geeignet wäre. Um Sie aus der Erfahrung heraus vor den gröbsten Fehlern zu bewahren, biete ich Ihnen eine Reihe von Regeln an, die Ihnen als nützliche Anhaltspunkte dienen können:

1. Versuchen Sie immer, das Ganze im Auge zu behalten. Es bringt nichts, sich monate- oder jahrelang oder gar während seines ganzen Lebens auf der gleichen Tonne aufzuhalten, wenn in dieser Zeit eine oder mehrere andere Tonnen vernachlässigt werden und verrotten. Denken Sie an das Ganze.

2. Finden Sie selbst heraus, was Sie für jede einzelne Tonne tun können, und reparieren Sie sie selbst. Je öfter Sie etwas reparieren, desto geschickter werden Sie und desto zufriedener werden Sie sein. Sie werden selbst darüber staunen.

3. Wenn Sie glauben, einige zu komplizierte Reparaturen nicht selbst vornehmen zu können, so zögern Sie nicht, einen Spezialisten aufzusuchen und vielleicht sogar noch einen zweiten, um eine alternative Meinung einzuholen. Wagen Sie es immer, nach dem »Warum« zu fragen, geben Sie sich nicht mit der Rolle des passiven Beobachters zufrieden. Es ist lebensnotwendig, sich stets die Unschuld und die Neugier zu bewahren, um lernen und verstehen zu können.

4. Lassen Sie das Floß nie im Stich! Selbst wenn Sie sich in einem Gewitter oder einem Sturm be-

finden, halten Sie sich gut fest, trennen Sie sich niemals von Ihrem Gefährt. So manches Mal hat man schon auf hohem Meer herrenlose Flöße gefunden, jedoch noch niemals die Besitzer, die sie verlassen hatten.

5. Denken Sie daran, dass dieses Floß Ihr Floß ist. Niemand auf der Welt kennt es besser als Sie selbst, auch nicht diejenigen, die herumtönen, als seien sie die größten Floßspezialisten der Welt. Sie allein kennen seine ganze Geschichte, seine Stärken und Schwächen und seinen Heimathafen, und nur Sie allein können sein Ziel auswählen.

6. Lieben Sie Ihr Floß wie sich selbst. Es wird es Ihnen danken. Denken Sie daran, dass es nicht einfach ein Gefährt für eine kleine ein- oder zweistündige Segeltour ist. Dieses Floß wird Sie ein Leben lang begleiten.

7. Geben Sie sich nicht mit Heimwerkerarbeiten zufrieden, gehen Sie ernsthaft an die Probleme heran. Das kann Ihnen später auf hoher See unliebsame Überraschungen ersparen. Man kann sein Floß nicht betrügen, weil man das Meer und das Leben nicht betrügen kann. Früher oder später kommt doch die Rechnung.

8. Lassen Sie sich niemals von einer Aufgabe entmutigen. Das Glück verkleidet sich manchmal als Unglück; Missgeschick und Scheitern können dazu dienen, zu lernen, zu verstehen und Erfahrungen zu machen.

9. Vergessen Sie, was die anderen sagen. Sie selbst bestimmen Ihr Ziel, niemand anderer kann für Sie entscheiden. Die Seefahrer, die den Mund am weitesten aufmachen, fahren selbst nur auf engen Kanälen. Sie haben es sich zur Gewohnheit gemacht, bei jeder Schleuse ein Gläschen zu trinken und ein Schwätzchen zu halten. Die wirklichen Seefahrer beobachten und hören zu, sie sprechen nur wenig, sie befahren die großen Ozeane, sie schätzen die Einsamkeit und meditieren gerne, und sie sind ganz damit beschäftigt, ihre eigene Welt zu entdecken.

10. Lernen Sie, regelmäßig Bilanz zu ziehen, dies wird verhindern, dass Sie sich verirren. Überprüfen Sie häufig Ihr Ziel und Ihre Tonnen. Führen Sie Ihr Logbuch.

11. Lernen Sie, die Haltung eines Seemanns einzunehmen. Man steht nicht stocksteif auf einem Floß. Man steht aufrecht, um einen weiten Blick,

möglichst bis zum Horizont zu haben. Man sollte jedoch immer locker und geschmeidig bleiben, damit man die Bewegungen des Floßes besser ausgleichen kann. Probieren Sie es aus, finden Sie heraus, wo Sie am besten im Gleichgewicht bleiben, etwa im Zentrum, aber bleiben Sie beweglich und anpassungsfähig, damit Sie Ihre Position verändern können, um die Bewegungen der Tonnen auszugleichen und dem Auf und Ab der Wellen zu folgen.

12. Konzentrieren Sie Ihre ganze Intelligenz und Ihre ganze Energie auf Ihr eigenes Floß. Versuchen Sie nicht, anderen zu folgen oder zu tun, was alle anderen tun. Halten Sie sich an Ihren eigenen Kurs, den Sie aufgrund eigener Beobachtungen aufgestellt haben. Wenn Sie sehen, dass andere Flöße dicht an den Klippen entlang segeln, so heißt dies nicht, dass auch Sie das gefahrlos tun können. Vielleicht haben die anderen einen geringeren Tiefgang oder ein anderes Ziel, oder sie wissen genau über die Wassertiefe Bescheid. Auf dem Meer gibt es keine Abkürzungen. Unnötige Risiken einzugehen, gehört nicht zu den Verhaltensregeln eines guten Seefahrers.

13. Streng geheim! Die echten Seeleute sind nicht auf der Suche nach Gold, Schätzen, Gewürzen oder nach Meerjungfrauen. Sie sind vor allem auf der Suche nach sich selbst!

Diese Liste beansprucht nicht, vollständig zu sein. Jeder Seemann hat seine Marotten und seine Tricks, die ihm dabei helfen, sein Gleichgewicht so gut wie möglich halten zu können. Ein anderes Wort dafür ist *Erfahrung*. Wenn Ihnen noch andere Regeln oder Prinzipien einfallen, die Ihnen geholfen haben oder Ihnen im Augenblick bei der Instandsetzung Ihres Floßes helfen oder dabei, es in einem guten Zustand zu erhalten, dann können Sie sie auf der folgenden Seite notieren. Es ist gut, zu wissen, dass man jederzeit auf sein Logbuch zurückgreifen kann.

Meine Prinzipien

IV

Floß oder Gefängnis?

Entspannen Sie sich und atmen Sie tief ein. Sie sind mit einer neuen Situation konfrontiert, möglicherweise ist Ihnen schon ein wenig mulmig, entweder bei dem Gedanken an die Bilanz und an die Arbeit, die bei Ihren Tonnen auf Sie wartet, oder auch bei dem Gedanken an den Aufbruch zu neuen Horizonten. Diese Reaktion ist vollkommen verständlich, weil Sie, wie jeder andere auch, durch Automatismen, Gewohnheiten und hergebrachte Überzeugungen konditioniert worden sind. Diese formen und beherrschen uns, als wären wir Pawlowsche Hunde, die beim Ertönen einer Glocke Speichel absondern. Es kann sogar sein, dass, sobald Sie Wörter wie »Veränderung«, »neu« oder »Bilanz ziehen« lesen oder hören, eine leise Stimme Ihnen Botschaften wie die folgenden ins Ohr flüstert:

Wozu soll das gut sein?

Ich habe den Eindruck, dass ich dazu verdammt bin, mein ganzes Leben mit diesem Schrotthaufen herumzusegeln!

Ich weiß, dass ich immer Kopfschmerzen haben werde.

Diese Rückenschmerzen werde ich mit ins Grab nehmen.

»Ich werde niemals die Kraft haben, eine Arbeit aufzunehmen.

Ich glaube, dass ich niemals eine Chance hatte!

Was soll's, ich bin jetzt zu alt.

Was soll's, ich bin noch zu jung.

Später wird man sehen.

Ich kann ja nicht einmal schwimmen!

Ich hätte ja gerne die Zeit, mich um mein Floß zu kümmern.

Ich gebe ja schon mein Bestes, mehr geht nicht. Ich sehe keine Möglichkeit, mich weiterzuentwickeln.

An Ausreden, etwas auf später zu verschieben oder sich gar nicht erst an die Arbeit machen zu müssen, mangelt es nicht. Unser aus Gewohnheiten, Sicherheiten und alten Glaubenssätzen solide gebautes Gefängnis erscheint im Vergleich zu all dem Unbekannten, zu den Unsicherheiten und Zweifeln angesichts der möglichen Veränderungen in der Tat sehr komfortabel. Sie brauchen keine Schuldgefühle zu haben. Um sich gute Erfolgschancen zu verschaffen, müssen Sie Ihr Bewusstsein einsetzen, aber das ist nicht immer leicht. Versuchen Sie doch einfach, den Kampf zu genießen, den sich Ihr Unterbewusstsein mit dem Bewusstsein liefert. Das Unterbewusstsein ist der Steuermann, Tag und Nacht ist es bereit, schon beim kleinsten Signal einzugreifen. Dieser Mechanismus erklärt unseren »Gefangenenstatus«, denn wenn wir uns nicht anstrengen oder vergessen, bewusst zu denken und zu handeln, steuern die alten Gewohnheiten und eingefahrenen Einstellungen unser Verhalten. Der Autopilot ist sehr bequem. Wenn wir den Gedanken akzeptieren, uns an die Konstruktion eines Floßes zu machen, um die Wellen des Lebens gelassener durchqueren zu können, so haben wir damit eine Möglichkeit, uns von vorprogrammierten Verhaltensweisen zu befreien. Die Macht und die Intelligenz der vorprogrammierten Verhaltensweisen dürfen aber nicht unterschätzt werden. Deshalb ist die Frage nach dem Programm so wichtig. Die ganze Welt, der Ozean, die Wellen, der Wind, die Einschätzung des Gleichgewichtes Ihres Floßes, die Umwelt, die Wirtschaftslage, die Kunst in den Museen, die politischen Debatten, die Werbung, die Reklame, die Nachrichten, das heißt alle Informationen, die täglich auf uns einströmen, werden von uns interpretiert. Da unser Unterbewusstsein in der Lage ist, 20 Millionen Stimuli (Informationen) in der Sekunde zu verarbeiten, liegt es auf der Hand, dass es im Wesentlichen unser Unterbewusstsein ist, das bei der Interpretation der auf uns einströmenden Informationen die entscheidende Rolle spielt.

Manche Menschen, deren Handlungen automatisiert und roboterartig ablaufen, werden ihr ganzes Leben lang von ihrem Autopiloten gesteuert, von der Geburt bis zum Tode. Man muss zugeben, dass dies weniger anstrengend ist. Wenn dagegen der Wind zunimmt, der Seegang stärker wird und die Wellen sich auftürmen, sind diejenigen, die fähig sind, bewusst zu handeln und diese Informationen auszuwerten, eher in der Lage zu verstehen, dass es besser sein kann, selbst das Steuer in die Hand zu nehmen. Selbst zu steuern, könnte den Kontakt zu den Wellen erleichtern und gleichzeitig dafür sorgen, dass das Floß auf dem richtigen Kurs bleibt. Wenn schwere Wetterlagen drohen, setzen sich diejenigen, die sich entscheiden, die Augen zu schließen und blind auf den Autopiloten zu vertrauen, einem größeren Risiko aus, Schiffbruch zu erleiden. Wir haben immer eine Wahl, vorausgesetzt wir sind in der Lage und willens, unser Bewusstsein zu gebrauchen. Was uns heute widerfährt, steht in Zusammenhang mit den Entscheidungen, die wir gestern oder vorgestern getroffen haben. Wenn unser Bewusstsein »ausgeschaltet« ist, übernimmt das Unterbewusstsein, das kein »Gestalter«, sondern ein »genialer Repetitor« ist, das Kommando.

Angst oder eigene Entscheidung

Wenn man nachts bei eingeschränkter Sicht segelt, können die Schwärze und die Dunkelheit – die uns solche Furcht eingeflößt haben, als wir noch kleine Kinder waren – leicht die Oberhand gewinnen und uns gefangen nehmen. Dann kann sich reflexartig die unbewusste alte Angst schnell breit machen: Das Gesicht verzieht sich angespannt, das Herz schlägt schneller, die Atemzüge stocken, im Bauch bildet sich eine Art Stein, das Blut zieht sich aus dem Herzen und aus der Bauchregion zurück und geht in die Arme und die Beine. Eine Wolke wirkt bedrohlich, ein Geräusch beunruhigt oder lässt uns aufschrecken. Mit dem Eintritt dieses Angstzustands bereitet sich unser Körper, der auf Überleben programmiert ist, unbewusst und automatisch auf Kampf oder Flucht vor. Es ist schwer, einen Kampf mit den Wellen zu bestreiten, und unmöglich, dem Meer zu entfliehen, wenn man mitten in der Nacht auf offener See navigiert. Um in dieser Situation nicht der Panik anheim zu fallen, muss man versuchen, sein Bewusstsein einzusetzen,

»Herr seiner selbst werden«, wie es heißt. Man muss das Bewusstsein zu Hilfe rufen, um zu versuchen, die Angst zu überwinden, die aus der Tiefe unseres Unterbewusstseins kommt. Dafür hat jeder seine eigenen Methoden, alle sind gut. Den Himmel und die Sterne beobachten, versuchen, sie zu erkennen und zu benennen, die Segelstellung korrigieren, sich eine Tasse Kaffee kochen, Musik hören, einen verdächtigen Laut entschlüsseln, um dann einen Delphin zu entdecken, der seine Freude darüber zum Ausdruck bringt, dass er das Floß begleiten darf, nach Osten schauen, wo das erste Tageslicht am Horizont aufleuchtet. Alles, was eine bewusste Aufmerksamkeit erfordert, kann dazu dienen, die Angst und das Unbewusste zurückzudrängen. Für die Mehrheit der Seeleute reicht es bereits aus, sich den magischen Augenblick in Erinnerung zu rufen, wenn die Sonne über den Horizont steigt, um das Meer aufzuwecken, um alle Ängste zu vertreiben. Und die innere Ruhe kann zurückkehren.

Was möchten Sie sehen? Die Angst, die Nacht oder das erste Licht des Sonnenaufgangs? Machen Sie sich einen Spaß daraus, und genießen Sie die Entscheidungen, die Sie täglich treffen können, sobald Sie aus dem Bett gestiegen sind.

Tee oder Kaffee? Jogging oder Zeitung? Gymnastik oder Zigarette? Haben Sie sich entschieden, Ihre Liste aufzustellen, um Ihre Tonnen besser einschätzen zu lernen oder um Ihre Traumtonnen zu beschreiben? Das Wichtigste in unserem Leben sind die Entscheidungen, die wir treffen. Was Sie aus diesem Buch machen, hängt von Ihrer Entscheidung ab. Weil es so klein ist, lässt es sich gut dazu verwenden, einen wackligen Tisch zu stabilisieren, durch seinen geringen Preis eignet es sich als nettes kleines Geschenk für Ihre Schwiegermutter. Es könnte aber auch sein, dass Sie sich den einen oder anderen Gedanken zu eigen machen, der Ihnen vielleicht jetzt, heute Nachmittag oder heute Abend nützlich sein könnte. Das hängt ein wenig von diesem Buch ab, aber im Wesentlichen von Ihrer Interpretation. Jeder sieht das Leben und die Umwelt aus seiner eigenen Perspektive. Wir sind alle den Wellen ausgesetzt, die aus der Umwelt auf uns zukommen, aber es gibt Menschen, die nie die Gelegenheit verpassen, eine Gelegenheit zu verpassen. Wenn Sie eine Entscheidung zu treffen haben, dann versuchen Sie immer, sich drei Fragen zu stellen:

1. Was sind die Konsequenzen?

2. Engt mich diese Entscheidung ein, oder lässt sie mich wachsen?

3. Wirkt sich diese Entscheidung förderlich auf meine Umgebung aus?

Albert Einstein hat es so formuliert: »Der Mensch ist ein Teil des Ganzen, das wir Universum nennen, ein in Raum und Zeit begrenzter Teil. Er erfährt sich selbst, seine Gedanken und Gefühle als getrennt von allem anderen – eine Art optische Täuschung des Bewußtseins. Diese Täuschung ist wie ein Gefängnis für uns, das uns auf unsere eigenen Vorlieben und auf die Zuneigung zu wenigen uns Nahestehenden beschränkt. Unser Ziel muß es sein, uns aus diesem Gefängnis zu befreien, indem wir den Horizont unseres Mitgefühls erweitern, bis er alle lebenden Wesen und die gesamte Natur in all ihrer Schönheit umfaßt.« Sein eigenes Floß zu bauen, um damit das Meer befahren zu können, bedeutet, sich aus seinem »Gefängnis« zu befreien, sich unbestreitbar die Möglichkeit zu verschaffen, »das Spektrum seiner eigenen Interessen zu erweitern«. Es ist dies nicht einfach, denn seit der frühen Kindheit wurde unser Unterbewusstsein auf Angst programmiert: Angst vor tiefem Wasser, Angst vor dem Ertrinken, Angst vor den Wellen, Angst vor schlechtem Wetter, Angst vor Veränderungen, Angst vor der Polizei, Angst, die Tonne *Gesundheit* oder die Tonne *Familie* oder die Tonne *Finanzen* oder die Tonne *Arbeit* könnten nicht stabil im Wasser liegen. Diese Angst ist ein sehr wirksames Gefängnis, und man kann nicht auf sein Unterbewusstsein zählen, wenn man sich daraus befreien will. Aber wenn der Seefahrer sein Bewusstsein einsetzt, verschafft er sich damit die Möglichkeit, zu sehen, was er sehen möchte. Manche sehen vielleicht die immer zahlreicheren Plastiksäcke, die aus Frachtschiffen heraus gefallen sind, oder Ölkanister und Container, die gefährlich auf dem Wasser treiben, oder riesige Ölteppiche, die von der Tankreinigung von großen Schiffen stammen. Andere Seeleute entscheiden sich dafür, die fliegenden Fische zu sehen oder erfreuen sich am Spiel der Delphine, die es lieben, mit Flößen um die Wette zu schwimmen. Man muss schon über eine gewisse Offenheit für Erfahrungen verfügen, um die riesige Weite des Ozeans überschauen zu lernen, der sich ständig bewegt und verändert, der lebt und atmet, und wo – in jedem Augenblick – das eine und auch sein Gegenteil der Fall sein können.

Ein- und dieselbe Umwelt kann angenehm oder unangenehm sein, es gibt leichte Winde oder starke Sturmböen, langsame und gleichmäßige Wellen, die das Schiff tragen, oder kleine heftige, gebrochene, unregelmäßige Wellen, die gegen das Boot schlagen, die es am Fortkommen hindern und manchmal sogar zurücktreiben können. Eine Sonne, die von einem strahlend blauen Himmel herunter scheint, oder die Nacht, der Nebel und die bedrohliche Silhouette eines Frachters, dessen Geschwindigkeit man nicht abschätzen kann und dessen Kurs man nicht kennt. Alle möglichen Kombinationen sind denkbar. Wir müssen lernen, die Vorstellung zu akzeptieren, dass wir in einer sich ständig verändernden und unberechenbaren Umwelt leben, während unser Verhalten dazu neigt, immer gleich und festgelegt zu sein. Dabei spielen nicht so sehr die möglichen Szenarien die wichtigste Rolle, sondern die bewussten Entscheidungen des Seemanns. Nicht so sehr die auf uns einströmenden Informationen sind wichtig, sondern unsere persönlichen Interpretationen, die dann unser Handeln bestimmen. Die Unterschiede zwischen den Seefahrern sind nicht abhängig von den Wellen oder vom Wind, sondern von dem, was sich der jeweilige Seemann aufgrund der Informationen, über die er verfügt, entscheidet zu sehen oder nicht zu sehen, zu tun oder zu unterlassen. Es kann nicht darum gehen, alle Wellen des Meeres zu glätten oder die Nacht zu bekämpfen, indem man alle Ozeane in hell erleuchtete belgische Autobahnen verwandelt. Es geht auch nicht darum, unser Unterbewusstsein zu kritisieren oder die dicken Gefängnismauern. Sie sind weder gut noch schlecht. Das Gefängnis kann uns wie Freiheitsberaubung vorkommen, aber seine Mauern sind ebenso ein Schutz. Nicht das Gefängnis definiert den Menschen, sondern die menschlichen Vorstellungen definieren das Gefängnis: Der Direktor der Strafanstalt, der eine Zelle besichtigt, kann nicht das gleiche Empfinden haben wie der Gefangene. Es gibt einen grundlegenden Unterschied zwischen den beiden Reaktionen, der nicht von den Mauern, den Gittern oder dem Zellenschlüssel abhängig ist, sondern von der Tatsache, dass der eine weiß, dass er in diesem Gefängnis bleiben muss, und der andere, dass er es relativ bald wieder verlassen kann. Es sind also nicht die Gefängnismauern, die Wellen oder unsere Umwelt, die den Unterschied ausmachen, sondern unsere persönliche Interpretation der Sachlage. Es gibt im Grunde gar kein Gefängnis, es sind unsere Gefühle und Haltungen, die bestimmen, ob wir hinter Gittern sind oder im Floß auf dem offenen Meer.

Dort, wo der Geist nicht mit der Hand zusammenarbeitet, gibt es keine Kunst.

Leonardo da Vinci (1452–1519)

Eine Sache der Einstellung

Es gibt das schöne Gleichnis von einem italienischen Priester, der durch die Straße spaziert und drei Arbeiter sieht, die dabei sind, Steine zu klopfen. Er geht auf den ersten zu und fragt ihn, was er da tue. »Sie sehen doch genau, was ich mache, ich klopfe Steine.« Der Priester geht zum zweiten Arbeiter und stellt ihm die gleiche Frage. »Ich verdiene etwa 1000 Lire täglich damit, dass ich Steine klopfe und mir den Rücken ruiniere.« »Gut, mein Sohn.« Dann spricht er mit dem dritten Arbeiter, und dieser antwortet ihm: »Ich baue eine Kathedrale, und diese Kathedrale wird die schönste sein, die jemals gebaut worden ist.«

Jede Situation wird von dem Menschen, der ihr begegnet, so interpretiert, wie es seiner mentalen Einstellung entspricht. War das Ausfüllen der Seiten über den aktuellen Zustand der Tonnen eine Last für Sie oder eine Freude? Nur Sie allein entscheiden darüber. Empfinden Sie die Arbeit am Gleichgewicht Ihres Floßes als nützlich und angenehm oder als unsinnig und lästig? Auch darüber befinden Sie alleine. Sehen Sie sich einem unüberwindbaren Berg gegenüber oder stehen Sie vor einer neuen Herausforderung, die Ihnen eine neue Gelegenheit eröffnet, zu lernen, zu wachsen, neue Erfahrungen zu machen und Ihre Intelligenz einzusetzen? Es ist in jedem Fall Ihre eigene Entscheidung. Einerseits wirkt sich also unsere mentale Einstellung auf die Qualität unserer Erfahrungen aus, andererseits kann die Qualität der von uns gemachten Erfahrungen nicht ohne Auswirkungen auf unsere Haltungen bleiben. Anders ausgedrückt: Ich sehe mein Bild in einem Spiegel, der Spiegel reflektiert mein Bild, aber es ist mein Blick, der dem Spiegel erlaubt, mir mein Bild zurückzuwerfen. Ich brauche nur den Kopf zu drehen, schon verschwinden der Spiegel und mein Bild aus meinem Blickfeld. Ich habe die Wahl. Mentale Einstellungen und emotionale Haltungen ändern sich ständig, weil alles Lebendige überleben will und es sich nicht leisten kann, nicht auf Stimuli zu reagieren. Daher muss sich der eine Seemann, dessen Floß im Ungleichgewicht ist, mit aller Kraft daran festklammern, um nicht herunterzufallen, während ein anderer, der ein Floß steuert, das gut im Wasser liegt, damit auch seine Chancen erhöht, seine mentale Einstellung zu verbessern. Wir bestimmen ebenso über unsere Geisteshaltung, wie unsere Geisteshaltung über uns bestimmt. Ein Floß zu bauen erfordert nicht nur technische Kenntnisse, es ist eher eine Kunst – die Kunst, sein Leben zu gestalten.

Lebenskunst ist ein Ausdruck, mit dem man eine bestimmte Lebensart beschreibt, die sich an den Leitbildern unserer Kultur orientiert. Leider sagt dieser Begriff nicht viel aus, weil damit in der Regel sowohl das Leben als auch die Kunst standardisiert und banalisiert werden. Die Gesellschaft idealisiert bestimmte Vorbilder, gibt sozusagen ästhetische Regeln vor und legt fest, was man tun oder haben sollte. Ein dickes Auto, ein großes Haus, Geld und Macht zu besitzen, sind anerkannte Symbole, obwohl dieses Streben nach materiellen Dingen keinesfalls ein gutes Gleichgewicht garantiert. Ganz im Gegenteil, viele Menschen scheinen darauf programmiert zu sein, ihr Leben, ihre Gesundheit und ihr Familienleben zu opfern, um eine Fata Morgana zu erreichen, die sich dann sehr schnell in Luft auflöst.

So erinnere ich mich noch sehr gut an ein Floß, das mich so sehr geprägt hat, dass es in meinem Seemannsleben eine unvergessene Rolle spielt. Dieses Floß war auf der ganzen Welt bekannt. Alle Zeitschriften liebten es, Fotos von ihm zu veröffentlichen, die es im Sommer in den Häfen von Cannes, Antibes, Monaco, Ibiza, Korfu, Marbella, Capri oder Venedig oder im Winter in Antigua, Paradise Island, auf den Bahamas oder den Karibischen Inseln zeigten. Es war ein äußerst beeindruckendes Floß, denn es gab auf der ganzen Welt keines mit einer größeren Tonne *Finanzen*. Dies könnte eine Erklärung dafür bieten, warum es derart viel Aufmerksamkeit erregte. Viele Leute scheinen gerade in der heutigen Zeit der Meinung zu sein, dass die Tonne *Finanzen* die wichtigste sei. Um Ihnen eine Vorstellung von den Ausmaßen dieses Floßes zu vermitteln: Mit der Bedienung und Steuerung dieses imposanten Floßes mit eigenem Hubschrauber waren ständig fünfzig Menschen beschäftigt, die jährlichen Betriebskosten beliefen sich auf 11 Millionen Euro. Ich war an Bord gerufen worden, um eine nicht sehr bedeutende Spezialistentätigkeit an der Tonne *Gesundheit* auszuüben. Diese Arbeit sollte dann mehrere Jahre in Anspruch nehmen. Der Besitzer des Floßes hatte mit klingenden Argumenten, denen man sich nur schwer hätte entziehen können, seinem Wunsch Ausdruck verliehen, mich an Bord zu behalten. Meine Aufgabe bestand im Wesentlichen darin, täglich vorsorgliche Kontrollen vorzunehmen. Im Gegensatz zu vielen anderen Spezialisten brauche ich immer einen Überblick über die Situation in ihrer Gesamtheit, um meine Arbeit so gut wie möglich machen zu können. Und so kam es oft vor, dass ich der Tonne *Arbeit* einen Besuch abstattete. Sie war von ihren Ausmaßen her und mit all den Sekretärinnen, Computern und Dutzenden von Telefonleitungen, die über Satellit verbunden waren und jeden Tag meterweise Faxe ausspuckten, die aus der ganzen Welt eintrafen, und den unzähligen Terminen rund um die Uhr, fast genauso beeindruckend wie die Tonne *Finanzen*. Obwohl es an Bord eine große Anzahl Kinder gab, war die Tonne *Familie* im Gegensatz zu den beiden anderen Tonnen ohne Zweifel die kleinste dieses Floßes. Der Besitzer verbrachte den überwiegenden Teil seiner Zeit im hinteren Teil bei den Tonnen *Arbeit* und *Finanzen*. Als Spezialist für die *Gesundheit* war ich der Hauptverantwortliche für diese Tonne geworden, eine schwere Aufgabe bei einem Floß mit solchen Ausmaßen. Ich gab mein Bestes, meine Arbeit so gewissenhaft wie möglich zu erledigen, was sich sehr gut auf meine eigene Tonne *Finanzen* auswirkte und weniger gut auf meine eigene Tonne *Familie*, da ich ständig unterwegs war. Mehrere Jahre lang kreuzte das Floß im Rhythmus der Sonne auf den Weltmeeren, um von den angenehmsten klimatischen Bedingungen zu profitieren. Sehr viele Seeleute ziehen es vor, bei Sonnenschein zu navigieren statt bei Regen und Kälte, und ich muss ehrlich gestehen, dass ich das schöne Wetter sehr genoss.

Eines Abends, wir waren in Capri an Land gegangen und saßen alle draußen beim Essen auf der Terrasse eines Restaurants, das an einem kleinen gepflasterten Platz ganz oben im Dorf lag, rief mich der Eigentümer des Floßes diskret zu sich. Er hatte gerade einen Telefonanruf von Bord erhalten, der ihn beunruhigte, und bat mich deshalb in den Hafen zurückzukehren, um einem Problem nachzugehen, das mit den Tonnen *Gesundheit* und *Familie* zusammenhing. Auf der Gangway nannte der Wachposten einen Namen. Dies genügte, um mir zu sagen, wohin ich gehen musste. Schon im Gang drangen mir Schreie entgegen, die aus einer Kabine kamen, in der sich ein gutes Dutzend Leute aufhielten. Sie machten mir den Weg frei, nicht ohne mir dabei das Wort »Alkohol« zuzuflüstern. Einer der jungen Söhne des Eigentümers schien nicht ganz bei Sinnen zu sein. Ich setzte erst einmal die ganze Bande vor die Tür und blieb dann alleine mit dem jungen Mann zurück. Er zeigte sich aggressiv, rachsüchtig und sehr nervös. Ich kannte diesen zwanzigjährigen Jungen sehr gut, er war Student in Harvard und normalerweise ruhig und gut erzogen. Es gelang mir, ihn auf ein Sofa zu setzen, und ich bestand darauf, dass er ein großes Glas Wasser trank. Dann setzte ich mich neben ihn und wusste bereits, dass es sich hier nicht um ein Alkoholproblem handelte.

Vier Stunden später wusste ich es – und bekam Angst um ihn. Schon seit seinem achtzehnten Lebensjahr selbst Multimillionär, mit zwanzig Jahren bereits Flugzeug- und Hubschrauberpilot, ein brillanter Student und Musiker mit dem Aussehen eines Filmschauspielers, besaß dieser Junge alles, wovon ein Mensch auf diesem Planeten nur träumen kann. Dieser junge Mann aber war todunglücklich, er sah keinen Ausweg mehr, er litt so sehr, dass er kurz davor war, sich das Leben zu nehmen. Wir verbrachten vier Tage und Nächte miteinander, ohne zu schlafen, und redeten miteinander. Er konnte nicht die geringste Nahrung bei sich behalten, schon beim zweiten Bissen musste er sich übergeben. Ich konnte ihn keine Sekunde allein lassen, ständig wurde er von Panikattacken heimgesucht, und Schüttelfröste ließen seinen ganzen Körper erzittern.

Die Erinnerung an diesen jungen Mann, der in seinem eigenen Gefängnis eingemauert war, während er in einer Umgebung lebte, die nicht besser hätte sein können, bleibt eine der dramatischsten Erfahrungen meiner Spezialistenlaufbahn. Gleichzeitig war sie eine grundlegende Lektion fürs Leben. Sie bot mir die Gelegenheit, eine Reihe von Werten und Überzeugungen in Frage zu stellen. Das Geld, das wir besitzen oder auch nicht, die Diplome, die wir erworben haben oder auch nicht, können großen Einfluss haben, aber sie bestimmen nicht zwingend und endgültig unsere mentalen und emotionalen Werte. Alles ist instabil wie das Meer, und wir sind dazu verdammt, von den Wellen hin und her geworfen zu werden, und jeder Seefahrer reagiert darauf, so gut er kann. Unsere geistige Einstellung fungiert dabei als Sonnenbrille, die auf unserer Nase sitzt und es uns erlaubt, die Informationen so oder so zu bewerten. Trotz all seines Besitzes und trotz all seiner Fähigkeiten hatte dieser junge Mann sein Gleichgewicht verloren. Er empfand eine unerträgliche Traurigkeit, er litt und war bereit, bis zum Äußersten zu gehen, um dem Leidensdruck zu entgehen.

Einige Tage später, nach kurzen Landgängen in Rom und Mailand, setzte uns der Hubschrauber im Park einer Privatklinik in der Nähe von Como ab. Die zunächst ermutigenden Resultate dieses Aufenthalts waren nur von kurzer Dauer, es gab dramatische Rückfälle mit den schlimmsten Konsequenzen. Ich stand in täglichem Kontakt mit dem Eigentümer des Floßes, der noch immer mit seinen Tonnen *Arbeit* und *Finanzen* beschäftigt war. Dieses Ereignis erschütterte die Familie tief, die bereits unter einer Scheidung und der Trennung von den Kindern gelitten hatte. Die jüngeren waren in einem Internat in der Nähe von Gstaad untergebracht. Diese Privatschule ist wahrscheinlich die teuerste der Welt, sie ist solchen Kindern vorbehalten, deren Eltern vorrangig mit dem Zustand ihrer Tonnen *Arbeit* und *Finanzen* beschäftigt sind. Meist bringt ein Chauffeur die Kinder in einem Bentley oder Rolls Royce Samstagabends in die nahe gelegene Stadt. Aber alle diese jungen Menschen sind keine Musterbeispiele für Gleichgewicht und Glück, denn sie sind der Meinung, dass ihre eigene Tonne *Familie* nicht genügend kleine Bälle mit den Aufschriften »Liebe«, »Eltern« und »Zeit für Gespräche« enthält. Die Rolle der kleinen Bälle, die sich im Inneren der Tonnen befinden und mit allen anderen verbunden sind, wird oft unterschätzt. Wenn zum Beispiel im Inneren der Tonne *Familie* die kleinen Bälle »Eltern« und »Kinder« gut miteinander kommunizieren, reduziert sich das Risiko von Alkohol- oder Drogenabhängigkeit von Jugendlichen um 42%. Die Reduzierung dieses Risikos wirkt sich nicht nur positiv auf die Tonne *Familie* aus, sondern auch die Tonne *Gesundheit* der Kinder und die Tonne *Gesundheit* der Eltern profitieren davon. Natürlich kommt diese Harmonie zwischen den Tonnen *Familie* und *Gesundheit* auch direkt den Tonnen *Arbeit* und *Finanzen* zugute, die gerne Dividenden kassieren.

Ich habe mein Bestes getan, um jener Tonne *Familie* zur Hilfe zu kommen, und dabei den sprichwörtlichen Eisberg unter der Spitze entdeckt. Diese arme Tonne *Familie* war in einem beklagenswerten Zustand. Einige Monate später, trotz der Intervention der besten Spezialisten der Welt, war der Eigentümer gezwungen, öffentlich zuzugeben, dass sein Floß, das die ganze Welt zum Träumen brachte, ein großes Gleichgewichtsproblem hatte. Er verlor sein Floß schließlich unter dramatischen Umständen und hätte sein Leben dabei verlieren können. Weil er jedoch immer noch ein guter Seemann mit einer starken Haltung war, begann er mutig mit der Konstruktion eines neuen Floßes. Und er hat aus seinen Erfahrungen und vergangenen Irrtümern eines gelernt: Es ist ungesund, eine Tonne gegenüber den anderen zu privilegieren. Heute achtet er sehr darauf, dass seine Tonnen im Gleichgewicht sind.

Freier Mensch, immer wirst du das Meer lieben.
Charles Baudelaire (1821–1867)

V

Der Künstler unter den Seefahrern

Das Gleichgewicht ist ein unteilbares Ganzes. Wie schon Laotse betonte, ist nicht die Tasse selbst das Entscheidende, ganz gleich wie viel sie wiegt, welche Farbe sie hat und wie dünn oder dick das Porzellan ist. Der entscheidende Teil der Tasse ist ihr Fassungsvermögen, denn diese besondere Leere bestimmt, wie viel Flüssigkeit sie aufnehmen kann. Ähnlich verhält es sich mit dem Floß. Es spielt keine große Rolle, welche Ausmaße es hat, wie groß die Tonnen sind und welche Farbe sie haben. Das Wichtigste ist das Verhältnis der Tonnen untereinander, denn dieses Verhältnis ist entscheidend für das Gleichgewicht des Ganzen und das Gleichgewicht des Seefahrers. Denn Gleichgewicht oder Ungleichgewicht wirken sich direkt auf die Gefühle und die geistige Einstellung des Seemanns aus. Den Zustand der Tonnen einzuschätzen, sich zu vergewissern, dass sie ihre

Aufgabe effektiv erfüllen können, ist eine Kunst, die von den guten Seeleuten beherrscht wird. Woher kommt diese Kunst? Kann man sie lernen? Beherrscht man die Kunst des Gleichgewichts, wenn man wie ein Verrückter von einer Tonne zur anderen im Kreis herum rennt? Wie kann man erklären, dass es manchen Seeleuten leichter fällt als anderen, das Gleichgewicht zu finden und zu halten? Kann man davon ausgehen, dass es ein Gleichgewichts-Gen gibt? Und warum sollte man nicht darauf hoffen dürfen, dass es früher oder später einen Impfstoff für das Gleichgewicht geben wird? Die Antwort ist ganz einfach: Das Gleichgewicht des Seemanns hängt vom Gleichgewicht der Tonnen ab, und das Gleichgewicht der Tonnen hängt vom Gleichgewicht des Seemanns ab. Und dieses Gleichgewicht des Seemanns kommt nicht von außen, es liegt in ihm selbst. Was dem Seefahrer eine gewisse Kompetenz verleiht, ist seine geistige Einstellung. Wenn sie stimmt, dann können seine Hand, die Technik und die praktische Umsetzung leichter folgen. Die mögliche Bandbreite der Geisteshaltungen erklärt die immense Vielfalt der Flöße, die wir auf See beobachten. Wenn ein Seemann bereit ist, selbst die Verantwortung für sein eigenes Gleichgewicht und das seines Floßes zu übernehmen, anstatt den anderen, dem Glück, den Wellen oder dem Wetter die Schuld zu geben, verschafft er sich die Möglichkeit, das Selbstvertrauen zu finden, das den Unterschied ums Ganze ausmacht. Wer Vertrauen zu sich selbst hat, ist in der Lage, Schwierigkeiten in Chancen zu verwandeln. Und damit öffnet man der Freude Tür und Tor.

Diesen Reichtum in seinem tiefsten Inneren zu finden, ist eine Kunst. Ein Künstler zu sein, sich dafür zu entscheiden, aus seinem Leben ein Kunstwerk zu machen, setzt voraus, dass man sich zuerst seiner Einzigartigkeit bewusst wird, und es anschließend wagt, sich auf die Suche nach seiner eigenen Identität zu machen. Dies ist der Sinn des berühmten Gebots des Orakels von Delphi: »Erkenne dich selbst.« Diese Suche nach sich selbst kann ein langwieriges Abenteuer sein, denn man muss sich zuerst einmal von den Zwängen, den Gewohnheiten, von stereotypen Verhaltensweisen und falschen Überzeugungen befreien. Die Vorstellung, eine Wahl zu haben, setzt die Vorstellung von Freiheit voraus. Pawlows Hund hat weder die Wahl noch die Freiheit, denn es ist das Ertönen der Glocke, das sein Verhalten bestimmt. Als der hungrige Wolf dem fetten und trägen Hund vom Bauernhof begegnet, erscheint ihm die Aussicht auf regelmäßige und üppige

Mahlzeiten als sehr verführerisch. Als er jedoch die Spuren der Kette am Hals des Hundes sieht, wird dem Wolf klar, dass er das Wertvollste, was er hat, seine Freiheit, nicht gegen eine garantierte Fütterung eintauschen wird, so verlockend sie auch erscheinen mag. Freiheit ist kein luxuriöses Accessoire, keine dekorative Kirsche auf dem Kuchen, sie entscheidet über das Leben und Überleben. Der freie Mensch ist ein Künstler, denn er kann sich sein eigenes Verhältnis zur Umwelt aufbauen und gestalten, ganz gleich, ob es sich dabei um das Meer, um eine Stadt, ein Gebirge oder um ein bestimmtes Arbeitsumfeld, eine Gruppe von Leuten oder ein ganzes Gemeinwesen handelt. Kunst ist weniger eine Frage des Geschmacks, sie ist vor allem eine Herzensangelegenheit. Viele rein ästhetische Werte mögen das Auge fesseln, dies heißt jedoch nicht, dass sie auch das Herz berühren können.

Der Seefahrer ist ein Künstler, denn er weiß, dass ihn sein Floß weit weg führen wird, dorthin, wo das Meer und der Himmel sich vereinigen. Die Kunst ist weder ein Endpunkt, noch ein Ziel an sich, die Kunst ist eine Art zu reisen, eine ständige Suche, die es ermöglicht, in einer grenzenlosen Umwelt in Harmonie mit sich selbst und mit den anderen zu leben. Der Künstler, wie auch der

Wissenschaftler, der Leistungssportler oder der Unternehmer, sie können sich nicht damit zufrieden geben, nur passive Zuschauer, Nachahmer oder Jünger zu sein. Sie sind immer bestrebt, vorwärts zu kommen, zu suchen, sich in Frage zu stellen und sich von vermeintlichen Sicherheiten, falschen Überzeugungen und den Zwängen der Konditionierung zu befreien. Sie sind dazu verdammt, aufzubauen, zu erfinden und Fortschritte zu machen. Sie können sich nicht damit zufrieden geben, das zu tun, was alle tun. Obwohl, wie gesagt, das Gleichgewicht des Seemanns direkt vom Gleichgewicht seiner Tonnen abhängig ist, lässt er sich dennoch nicht ganz von seinen Tonnen vereinnahmen. Denn er ist es, der die Macht und die Freiheit hat, sie zu erfinden, zu bauen, zu gestalten und zu kontrollieren. Weil er immer auf der Hut ist, und seinen zentralen Platz einnimmt, kann der Seemann jederzeit die Form, die Größe und die Widerstandskraft jeder seiner Tonnen einschätzen und Ungleichgewichte korrigieren.

Es ist der Künstler unter den Seefahrern, der bestimmt, wie seine erträumte Tonne *Familie* aussieht, der sie jeden Tag neu erschafft, indem er seine Frau und seine Kinder von ganzem Herzen liebt, mit ihnen spricht, sie respektiert und alles in seiner Macht stehende tut, um sie zu beschützen, ihnen zu helfen, sie zu unterstützen und zu ermutigen. Liebe ist die stärkste Antriebskraft. Wer liebt, hat eine andere Körperhaltung, einen anderen Gang, eine andere Denkweise, spricht anders mit anderen Menschen, und alle, mit denen er in Kontakt steht, erkennen in ihm den Menschen, der die Liebe lebt. Der Seemann, der sich auf seine Tonne *Familie* verlassen will, kann sich nicht damit zufrieden geben, ein Spezialist für das Kindergeld zu sein, er muss frei und offen für neue Erfahrungen sein. Er ist ein Künstler und ein Generalist, der fähig ist, die Pädagogik, die Psychologie, die Soziologie, die Ernährung, die Lebensart und die Werte zu erfinden, die diesem bestimmten Kind gerecht werden, das ein auf der Welt einzigartiges Kunstwerk ist. Es ist der Künstler unter den Seefahrern, der seine Tonne *Gesundheit* gestaltet. Weil er die Intelligenz des Lebens erkannt hat, kann der Seemann seinen Körper nicht als eine bloße Maschine betrachten, die durch Zufall defekt wird. Gesundheit kommt nicht von außen, man kann sie nicht in der Apotheke kaufen oder in einer Klinik, so privat sie auch sein mag. Der Seemann respektiert seinen Körper und er achtet auf ihn, wie er auch auf seinen Geist achtet. Statt abzuwarten, bis sich Symptome manifestieren, um sich dann in die Hände von Spezialisten zu begeben, die nur darauf warten, kann jeder Seemann aktive Vorsorge treffen, indem er alles in Erfahrung bringt, was seine eigene Tonne *Gesundheit* beeinflussen kann. Ebenso ist es der Künstler unter den Seeleuten, der sich vorstellt, wie seine Tonne *Finanzen* aussehen soll, der sich um sie kümmert, sie mit eigenen Händen formt, statt blind auf die schönen und vagen Versprechungen von den goldenen Zeiten zu vertrauen. Das Gleiche gilt für die Tonne *Arbeit*. Auch hier ist es der Seemann selbst und nur er selbst, der die Macht hat, zu entscheiden, ob er lediglich Steine klopft oder sich als Künstler betrachtet, der damit beschäftigt ist, die schönste aller Kathedralen zu erbauen.

Wir selbst müssen die Veränderung sein,
die wir in der Welt sehen möchten.
Mahatma Gandhi (1869–1948)

Jedem sein eigenes Floß

Die meisten Seefahrer hängen sehr an ihrem Floß. Einige Ausflüge auf das Meer reichen normalerweise aus, damit sich enge Verbindungen zwischen dem Seefahrer und seinem Gefährt aufbauen können. Eine Kontrolle der unter Wasser liegenden Teile und ein neuer Anstrich mit mehreren Schichten Lack einmal im Jahr, die Reinigung der Tonnen mit Bürste und Süßwasser nach jedem Törn, Fender rundherum, damit man kein anderes Floß beschädigt, und sorgfältig aufgerollte Taue, dafür muss der Seemann sorgen. Ohne zu übertreiben, kann man behaupten, dass sich zwischen dem Seemann und seinem Floß eine Liebesbeziehung aufbaut. Diese besondere Verbindung verlangt, dass der Seemann die Verantwortung für sein Floß übernimmt. Vertrauen, Respekt und Dankbarkeit können sich einstellen, weil der Seemann und sein Floß einen geheimen Pakt unterzeichnen: Der Seemann akzeptiert, dass er sein Leben dem Gleichgewicht seines Floßes anvertraut, und das Floß verpflichtet sich, alles zu tun, um das bestmögliche Gleichgewicht aufrechtzuerhalten, egal unter welchen Bedingungen.

Seit Jahrzehnten gibt es immer wieder den Versuch, allen ein einheitliches Floß aufzuzwingen, mit den gleichen Zielen, den gleichen Navigationsplänen, verpflichtenden 35 Stunden auf dem Meer pro Woche und der Zwangsverrentung der ältesten Flöße. Die Ergebnisse sind immer katastrophal gewesen. Ein Floß kann immer nur individuell sein, denn jeder Seemann verfügt über eine einzigartige Tonne *Gesundheit*, jeder hat eine Tonne *Familie*, die nicht die gleiche sein kann wie die seines Nachbarn, und für seine Tonne *Arbeit* kann jeder Seemann bestimmte Talente vorweisen und Vorlieben und Wünsche haben, die nicht mit denen aller anderen Seeleute übereinstimmen. Was die Tonne *Finanzen* betrifft, so sind die meisten Seefahrer, wenn sie im Hafen sind, Lebemänner, sie lieben es zu feiern und Geld auszugeben, ohne zu rechnen. Die Höhen und Tiefen des Lebens kennenzulernen, gehört zum Schicksal des Seemanns.

In einer immer komplexeren Welt, in der der Informationsfluss immer schneller wird, und konfrontiert mit wenig überzeugenden Ergebnissen, sind heute die Verantwortlichen gezwungen, eilig ihre Pläne zu überdenken und zuzugeben, dass man eine neue Denkweise ins Auge fassen müsse. Ich behaupte:

Seltsamerweise hat die Globalisierung der Gesellschaften dazu geführt, dass die Tür zur Individualisierung der Welt geöffnet werden muss.

Wenn eine bestimmte Regierung, die Institutionen, ein Gott oder die Gene nicht geeignet sind, die Menschen in kategorischer, uniformer und definitiver Weise zu klassifizieren, wird es dringend erforderlich, neue Prioritäten zu setzen. Es ist die Individualität der Menschen zu respektieren und dem Rechnung zu tragen, was jeden motivieren kann, vor allem seiner psychologischen und körperlichen Verfassung, seiner Widerstandskraft, seiner Anpassungsfähigkeit, seinen Fähigkeiten zu lernen und zu verstehen, zu erfinden und schöpferisch tätig zu sein. Außerdem ist es zwingend erforderlich, das Verhältnis zwischen dem Individuum und der Gesellschaft in seinem Land oder – wie man auch sagen könnte – in seinen heimischen Gewässern neu zu definieren. Zusätzlich muss man sich in einer sich ständig verändernden und neu formierenden Umwelt darum bemühen, das Individuum in den größeren globalen Kontext zu stellen.

Die Beamten sind in Panik geraten, weil diese neue Haltung einen enormen zusätzlichen Arbeitsaufwand bedeutet. Sie hätten es vorgezogen, weiterhin alles dafür zu tun, die Menschen über einen Kamm zu scheren. Mit erhobener Faust, fliegender Krawatte und wehendem Haar – alle Redner auf der Tribüne geben sich sehr kämpferisch, damit sich nur ja nichts ändern soll – zögern sie nicht, große Worte in den Mund zu nehmen und auf große Prinzipien zu pochen wie Freiheit, Gleichheit und Brüderlichkeit, die zwar ihre Zeit hatten, denen es jedoch nie gelungen war, ihre generelle Gültigkeit wirklich unter Beweis zu stellen.

Wie kann man sich auf die »Freiheit« berufen, wenn alle Flöße gleich sind, mit gleicher Geschwindigkeit segeln und verpflichtend 35 Stunden in der Woche auf dem Meer sein müssen? (In China sieht die Freiheit im Übrigen so aus, dass es nur eine kleine Kugel »Junge« in jeder Familie geben darf.)

Als sie den Begriff »Brüderlichkeit« hörten, fingen die meisten Seeleute an zu grinsen, weil sie sich sagten, es könne ja wohl nicht sein, dass Landbewohner ihnen beibringen wollten, was Brüderlichkeit sei. Einen Seemann habe ich sogar sagen hören: »Es ist doch gerade das Hospital, das sich einen Dreck um Barmherzigkeit schert!«

Und was das schöne Prinzip der »Gleichheit« betrifft, handelt es sich hierbei lediglich um ein semantisches Missverständnis, denn die Tatsache, dass alle Seeleute als gleich angesehen werden, impliziert von Amts wegen nicht, dass sie auch identisch sind. Diese bedauerliche Implikation hat dazu geführt, dass das Gegenteil des eigentlichen Zieles erreicht wurde, nämlich dass die Ungleichheiten immer schreiender wurden und immer dramatischere Formen annahmen. Um ihre Unzufriedenheit zu demonstrieren, gingen einige Seeleute, die der administrativen und fiskalischen Zwänge überdrüssig geworden und es leid waren, gegen die Ungleichheiten anzukämpfen, so weit, sich in kleinen bunten Zelten, deren Farben ebenfalls schreiend waren, an den Hängen des Seineufers und am Kanal Saint Martin niederzulassen.

Glücklicherweise haben die Wissenschaftler schlüssig nachweisen können, dass die individuelle Einzigartigkeit eine unbestreitbare Tatsache ist. Die Biologen, Neurologen und Psychologen haben unwiderlegbare Beweise zusammengetragen, welche die Annahme untermauern, dass jeder Seemann auf den Meeren einzigartig ist. Die Physiker sind sogar noch einen Schritt weiter gegangen, als sie verkündeten, dass nach ihren Berechnungen – und trotz aller individuellen Unterschiede – alle Seefahrer der Welt direkt miteinander verbunden sind. Vielleicht ist es den Physikern gelungen zu beweisen, was André Malraux am Ende des vergangenen Jahrhunderts vorhergesagt hat: »Das einundzwanzigste Jahrhundert wird entweder religiös (verbindend) sein oder gar nicht.« Diese neue Sichtweise, die nicht mehr sektiererisch, einschränkend, bevormundend und einnehmend ist, sondern holistisch, global und religiös in dem Sinne, dass sie die Menschen verbindet, macht es plötzlich möglich, die wunderbare Vielfalt der Menschheit zu erfassen. Was die Arbeit der Beamten gestört hat, war gleichzeitig für die menschliche Gesellschaft ein riesiger Schritt hin zu einer Zivilisation, die jetzt endlich daran zu denken vermag, in eine höhere Entwicklungsstufe eintreten zu können.

Aber die Partie ist weit davon entfernt, gewonnen zu werden, denn alle diese Veränderungen stören die Verantwortlichen in den Häfen, die daran gewöhnt sind, immer gebannt auf ihren Chef zu starren, mit am Boden festgeklebten Füßen und Armen voller Stapel mit Formularen. Die Seeleute sind an die Veränderungen der Wellen, des Windes und des Wetters gewöhnt. Sie sind flexibel, sie können sich anpassen, denn sie sind dazu gezwungen, in jeder Sekunde ihr Gleichgewicht neu zu suchen. Die Verantwortlichen, die Ministerien und etliche Spezialisten, sehen jedoch nur ungern Veränderungen, die ihre Vorrechte bedrohen und vielleicht ihre Gewinne schmälern oder ihr Budget oder ihre Macht reduzieren könnten.

Trotz der Widerstände wachsen die technischen und wissenschaftlichen Fortschritte ständig weiter und lassen damit wenig Raum für einen Rückfall in alte Gewohnheiten. So ist es nur schwer vorstellbar, man könnte in die gute alte Zeit der Telegramme zurückkehren, wo doch die elektronische Post viel schneller funktioniert und weniger kostet und eine simple CD Platz für 360 000 Druckseiten bietet. Genauso unwahrscheinlich ist es, dass Pferdefuhrwerke die Städte zurückerobern. Was in einer bestimmten Epoche logisch, zweckmäßig und vernünftig war, würde unter heutigen Umständen als ineffektiv, stupide und unpassend angesehen. Diese Einsicht bereitet uns schon auf den Gedanken vor, dass niemand in der Lage ist vorherzusehen, wie die Stärke der Wellen und des Windes morgen sein wird. Diese Ungewissheit ist eine Macht, die uns zu Bescheidenheit und Wachsamkeit zwingt.

Da die Verantwortlichen ihre Unfähigkeit bewiesen haben, dafür zu sorgen, dass das Meer für alle Seeleute ölglatt ist, muss sich jeder Seemann mit dem Gedanken vertraut machen, dass Risiken und Veränderungen Teil des Programms sind.

Das gleiche Standardfloß für alle kann nicht funktionieren, aber die Idee, ein großes Floß zu besitzen, das Platz für die ganze Familie, die Freunde, die Nachbarn und die Arbeitskollegen bieten würde, ist ebenso unrealistisch. Respekt vor der Individualität heißt, einzusehen, dass Ihr Ehepartner sein eigenes Floß besitzen muss, genau wie auch jedes Ihrer Kinder. Jeder Mensch hat das Recht, sein eigenes Ziel auszuwählen, er muss über Änderungen seines Kurses selbst entscheiden können, je nachdem wie die Umweltbedingungen, das Wetter und der Wind sind, oder wo die Fischschwärme stehen, wenn er Lust hat, mit Bonitos (einer Thunfischart) Schabernack zu treiben. Wenn nur Sie alleine das Floß steuern, wie wollen Sie dann erreichen, dass Ihre Kinder eines Tages ohne Sie zurecht kommen können? Es ist von größter Wichtigkeit, dass man jedem Menschen die Möglichkeit gibt, Verantwortung für sich selbst zu übernehmen, und ihm die Wahl lässt, wie er seine eigenen Tonnen gestalten will. Er muss die Gelegenheit haben zu lernen, wie man sich mit den Veränderungen der Umwelt vertraut macht und die Winde, die Strömungen und die Wolken erkennt, mit einem Wort: Er muss die Möglichkeit haben, sein eigenes Gleichgewicht zu finden und seefest zu werden.

Der Reichtum eines Waldes besteht nicht darin, dass er aus einer einzigen Baumart mit perfekt kalibrierten, identischen Bäumen besteht, sondern aus einer unendlichen Vielfalt von Arten und aus allen möglichen Vegetationsformen, die gut miteinander harmonieren. Das Gleiche gilt für die menschliche Gesellschaft. Die Seeleute, die sich ihrer Intelligenz uneingeschränkt bedienen dürfen, können neue Routen ausfindig machen, zur Entdeckung neuer Ziele aufbrechen und sich ein reiches Leben aufbauen, indem sie ihre Erfahrungen und ihre Fähigkeiten ständig erweitern.

Die Zeiten ändern sich, aber die Mentalitäten tun sich mit Veränderungen schwer. Vor noch nicht allzu langer Zeit studierte ein junger Mann bis zu seinem fünfundzwanzigsten Lebensjahr, um danach den Anspruch zu erheben, sich während der nächsten vierzig Jahre auf seinen Lorbeeren ausruhen zu dürfen. Zu dieser Zeit war die Bildung eine ausgezeichnete Möglichkeit, die Menschen zu unterscheiden, zu kategorisieren und in eine Form zu pressen. Weil erreicht wurde, dass heute die große Mehrheit einen in etwa gleichwertigen Abschluss vorweisen kann, haben Schulbildung und Erziehung zwar nicht ihren Wert verloren, aber das Wesentliche ihrer politischen Macht. Um dieses Phänomen verstehen zu können, genügt es, sich eine einfache Aufgabe aus der Bruchrechnung vor Augen zu halten: Ein Viertel wird immer größer sein als ein Zehntel. Früher hatten etwa 25 Prozent der Menschen einen höheren Schulabschluss. Wenn heute neun von zehn Menschen genau das gleiche studiert haben und das gleiche Diplom vorweisen können, kann die Suche nach einer Anstellung schwierig werden. Wenn dann einer von zehn noch ein zusätzliches Plus vorweisen kann, ein etwas anderes oder atypisches Curriculum, ragt er sofort aus der Masse heraus und hat in den Augen seines zukünftigen Chefs die besseren Chancen. Um darauf hoffen zu können, in einer standardisierten Welt zu überleben, muss daher jeder versuchen, immer noch besser zu werden, sein Bestes zu geben und in sich selbst das zu finden, was den Reichtum seiner Einzigartigkeit ausmacht.

Bis fünfundzwanzig zu studieren, garantiert heutzutage keine Tonne *Arbeit* mehr, die vierzig Jahre hält. Genau wie ein Führerschein, der es den jungen Fahrern gestattet, ihre Fahrfähigkeiten zu perfektionieren, kann die wirkliche Bildung der Seeleute erst dann beginnen, wenn sie ihr Studium beendet haben – und sie wird nie mehr enden. Befreit von den Zwängen der Studienprogramme, können sie sich endlich die Zeit nehmen, die Augen aufzumachen, um ihre neue Umgebung wahrzunehmen, denn die Umwelt verändert sich ständig und viel schneller als die Programme, die vor zwanzig oder dreißig Jahren eingeführt wurden. Es ist zwingend notwendig, dass die Seeleute so global wie möglich sehen und ihre Intelligenz ohne Einschränkungen einsetzen können, um zu erfinden, zu gestalten und ihr eigenes Gleichgewicht zu finden, das besser in ihr Zeitalter passt und ihrem Geschmack und ihren Neigungen entspricht. Die Seefahrer dürfen sich nicht damit zufrieden geben oder sich damit abfinden, im Standardgleichgewicht zu verharren, das ihnen von ihren Lehrern vorgeschlagen wird, denn es ist unmöglich, den Mond zu erreichen, wenn man sich damit zufrieden gibt, für die Mondfahrt einen Heißluftballon zu benutzen.

Auf Fahrt gehen und das eigene Leben improvisieren

Um ein guter Seefahrer zu sein, der in einer sich ständig verändernden Umwelt navigieren kann, muss man vor allem über Improvisationsfähigkeit verfügen. Improvisation basiert nicht auf Sicherheiten oder immer gültigen Prinzipien, sie basiert auf Unsicherheit und Zweifel, sie vertraut auf die Erfahrung, dass es immer Wahlmöglichkeiten gibt. Improvisation setzt eine gewisse geistige Kreativität und Anpassungsfähigkeit voraus. In Abhängigkeit vom Wind, den Strömungen und der Erdrotation improvisiert der Ozean seine Wellen in jeder Sekunde neu. Das auf den Wellen schaukelnde Floß improvisiert eine Antwort auf die Wellen und der Seemann improvisiert sein Gleichgewicht als Antwort auf die Bewegungen seines Floßes. Als Seemann, der sich auf die Tonne *Gesundheit* spezialisiert hat, muss ich daran denken, dass der menschliche Körper in jeder Sekunde, von der Geburt bis zum Tod, unseren Gesundheitszustand improvisiert, was eine Vielzahl von Improvisationen als Antworten auf eine

Vielzahl von Herausforderungen und Veränderungen erfordert.

Die Fähigkeit zur Improvisation setzt Freiheit voraus. Ein Floß, das an seinen Leinen auf und ab balanciert, hat keine großen Manövriermöglichkeiten. In den Häfen kennt man dieses Phänomen sehr gut, es gibt Flöße, die Symptome der Melancholie oder der Depression entwickeln, weil sie zuschauen müssen, wie andere Flöße auslaufen, um die Weiten des Meeres zu erobern, während sie selbst dazu verdammt scheinen, jahrelang an den Enden ihrer Leinen auf und ab zu schaukeln. Die Sicherheit, die der Hafen bietet, ist schon sehr angenehm, wenn das Wetter sehr schlecht ist, aber man kann nicht sein Leben in Pantoffeln vor dem Fernseher verbringen und darauf hoffen, dass es aufklart, was vielleicht so bald nicht geschehen wird. Der einzige, der sich wirklich dafür entscheiden kann, die Leinen zu lösen, ist der Seemann. Die Leinen zu lösen ist immer ein großer Augenblick, denn es geht darum, ganz reale Bindungen zu lösen, die uns mit dem Festland verbinden, um in eine unsichere Welt einzutreten. Diese Entscheidung entspringt ausschließlich der Geisteshaltung, den Überzeugungen und den Einschätzungen des Seemanns. Manche Überzeugungen erlauben es, die Halteleinen zu lösen, während andere die Macht haben, die Leinen noch fester zu zurren. Was macht den Unterschied aus? Immer die Sichtweise und das kreative Bewusstsein des Seemanns. Der Seefahrer glaubt, dass er in der Lage ist, sein Floß zu manövrieren, er glaubt außerdem, dass sein Floß in der Lage ist, dem Meer standzuhalten, und neuen Wellen oder neuen Windstößen die Stirn zu bieten. Es sind seine augenblicklichen Überzeugungen, die ihm seine Entscheidung ermöglichen. Dies ist alles schön und gut, setzt aber erst einmal eine andere Überzeugung voraus: Der Seemann muss sich zuerst vorstellen können, dass er kompetent und in der Lage ist, das Richtige zu glauben. Das bedeutet, dass der Ausgangspunkt jedes Abenteuers, jedes Projektes und jeder Reise auf dem Selbstvertrauen des Seemanns beruht, und dieses Vertrauen beginnt in seinem Bauch, seinem Herzen und seinem Kopf. Es ist der Seemann selbst, der sich sein Universum erschafft, als Funktion des Universums in seinem Inneren. Es ist der Seemann selbst, der seine Realität wählt, als Folge der Überzeugungen, die er sich zu eigen macht oder auch nicht.

Alles, was uns einschränkt, sind die Leinen. Sie sind die veralteten Überzeugungen, die in unserem Unterbewusstsein etabliert sind und von der

Schule und der Erziehung her stammen. Aber welche Institution, welcher politisch Verantwortliche und welcher Beamte können sich damit brüsten, alles zu wissen, alle Wellen zu kennen, alle Windböen zu kontrollieren, die Zukunft vorauszusehen und sich niemals zu irren? Immer mehr Seeleute erkennen, dass es die Fragen und die zu lösenden Probleme sind, die die Welt und das Leben weiterbringen, und nicht die vorgefertigten Antworten der so genannten Spezialisten. Sicher zu sein, dass man heute die richtige Antwort hat, bedeutet nicht, dass diese auch morgen noch richtig sein wird. Jeder Seemann weiß, dass eine gut verlaufene Reise keine Garantie dafür ist, dass auch die nächste gut verlaufen wird. Dieses Gefühl der Ungewissheit ist für den Seemann immer wieder ein Anreiz. Und er erinnert sich an seine Anfänge:

Eines schönen Tages sind Seefahrer und Floß bereit, eine weit entfernte Insel anzusteuern. Als er die Leinen löst, fühlt der Seemann, wie sein Herz sich weitet und ein Adrenalinstoß seinen Körper durchflutet. Das kleine Segel, das er gehisst hat, kommt leicht in Bewegung, sucht nach dem Wind und stellt sich hinein. Der Mensch und das Floß haben ihr Schicksal miteinander verbunden. Auf der Hafenmauer sitzen ein paar

Rentner, sie heben den Blick von ihrer Zeitung, um zu verfolgen, wie das Floß in Richtung Meer ausläuft. Andere wiederum – Gaffer mit den Händen in den Hosentaschen – rufen ihm nach, er solle sich vor den Windböen und den Riffen in Acht nehmen und sagen ihm Stürme, Haie und Sirenen voraus. Diejenigen, die gerade an ihrem eigenen Boot arbeiten, grüßen ihn und wünschen ihm guten Wind und gute Reise, dabei denken sie daran, dass auch sie bald zur Ausfahrt bereit sein werden. Der Seemann lächelt ihnen zu und winkt ihnen zurück. Endlich! Der so lange ersehnte Augenblick ist da, welch ein gutes Gefühl! Der Seefahrer und sein Floß sind frei und bereit, auf Fahrt zu gehen. An der Hafenausfahrt wird die See rauer, ein riesiger Wellenberg, der aus der großen Weite kommt, lässt das Meer anschwellen und nähert sich mit Windgeschwindigkeit. Die Angler und die Gaffer, neugierig, was nun passieren wird, beobachten die Szene. Die gewaltige Welle hebt das Floß zunächst zwei Meter in die Höhe und lässt es in den Himmel steigen, als wäre es nur ein Strohhalm, aber dann, langsam und sanft, lässt sie es vom Wellenkamm wieder hinab gleiten. Hin und her geschleudert und mit einem Gefühl, als würde er in Stücke gerissen, klammert sich der Seemann an den Mast und versucht, sein Gleichgewicht wiederzufinden. Beruhigt durch die gute Stabilität seines Floßes umfängt er mit seinem Blick den Horizont, das Meer, den Himmel, einige Wolken, die untergehende Sonne, die Tonnen und die Aluminiumrohre, und aus seiner Brust ertönt – sehr schnell weggetragen vom Wind – ein lauter Schrei, den er nicht zurückhalten kann: »Floß – mein Floß.«

Dieser magische Moment, in dem der Seemann sein Floß besteigt und die Leinen löst, ist wie eine Geste der Liebe, ein Akt der Selbstvergebung: Der Seemann vertraut sein Schicksal seinem Floß und der Weite des Ozeans an. Seltsamerweise wird dieses Selbstvertrauen in dem Augenblick, in dem man akzeptiert, das Bekannte, das Greifbare hinter sich zu lassen, um sich ins Unbekannte zu stürzen, automatisch stärker. Dieses Gefühl ist eine wunderbare Kraft, ein Antriebsmotor für das Leben, der es uns ermöglicht, mit den Wellen der Ozeane zu spielen, die Gipfel der höchsten Berge zu erklimmen oder Schwierigkeiten zu überwinden, die den meisten Menschen unüberwindbar erscheinen. Wer dieses Gefühl der Freude einmal erlebt hat, kann es nicht für sich behalten, es ist eine Quelle, die unaufhörlich fließt. Diese Emotion ist zu groß für einen alleine, man muss sie mit anderen teilen. Man muss lachen, laut schreien und heulen, um diese wunderbare Kraft explodieren zu lassen, die das Herz weit werden lässt. Für denjenigen, der diese magische Erfahrung einmal gemacht hat, wird alles möglich. Er hat den größten Schatz tief in seinem Herzen entdeckt, einen Schatz, der nur ihm selbst gehört, und den ihm nichts und niemand je wieder wird nehmen können.

Es gibt noch einen weiteren Moment der intensiven Freude für einen Seemann, es ist der Augenblick, wenn nach mehrtägiger Überfahrt zum ersten Mal Land in Sicht kommt. Dieser kleine undeutliche Schatten, den er nur schwer zwischen Himmel und Meer ausmachen kann, ist alles, wofür er gekämpft hat, die vollkommene Vereinigung all seiner Ängste und all seiner Hoffnungen. Er ist die Belohnung für all die Momente der Einsamkeit und der Unsicherheit, die es auf jeder Seefahrt gibt, auch wenn sie angenehm war. In diesem Augenblick erfüllt den Seemann ein Gefühl großer Dankbarkeit. Es kommt ihm nicht in den Sinn, dem Wind und dem Meer Noten zu erteilen oder sie zu beurteilen. Nein, ihn überkommt einfach die Lust, dem Meer »danke« zu sagen, so als sei es eine lebendige Person, die ihn selbstlos getragen und ihm dazu verholfen hat, sein Ziel sicher und gesund zu erreichen. Er dankt den Winden, die ihn gut geleitet haben. Er dankt seinem Floß, das sein Bestes gegeben hat, um ihm ein gutes Gleichgewicht zu verschaffen. Er dankt jeder einzelnen Tonne, weil sie immer für ihn da war, und ihr Bestes gegeben hat, sich den Wellen und dem Wind anzupassen.

Seemann, wer Du auch bist und wo Du auch bist, ich wünsche Dir günstigen Wind, und ich wünsche Dir, dass Du die Floßfahrt Deines Lebens als ein großes und wunderbares Abenteuer erlebst: Leinen los!

Daniel Zahno

Die Geliebte des Gelatiere

Die bezaubernde Geschichte des jungen Venezianers Alvise, der seine Leidenschaft für das Eis zusammen mit seiner ersten großen Liebe, Noemi, entdeckt.

»Eine Liebe in Venedig … Unglaublich sinnlich! «
Denis Scheck, ARD

»Temporeich und kurzweilig erzählt!«
Alain Claude Sulzer, Basler Zeitung

»Eine verträumte Liebesgeschichte, die man am besten im Urlaub liest.«
Marianne Wellershoff, KulturSPIEGEL

»Eine literarische Coppa, die mit zartem Schmelz, luftiger Textur und sorgfältig ausgewählten Aromen bezaubert.« Eva Bachmann, St. Galler Tagblatt

Roman
Geb., 194 Seiten
€ 16,80 (D)
weissbooks.com
danielzahno.ch

weissbooks.w

Über Anfragen zu Behandlung, Coaching und Seminaren sowie über Rückmeldungen zum Buch freut sich der Autor:

Jean-Paul Pianta
Doctor of Chiropractic
Lister Straße 17 A
30163 Hannover
Tel: 0511 – 62 80 55
jppianta@aol.com

Jean-Paul Pianta
Die Kunst, ein Floß zu steuern in stürmischen Zeiten
Aus dem Französischen von Marion Heu

Konzept Design
Gottschalk+Ash Int'l

Umschlaggestaltung
Julia Borgwardt, borgwardt design
Illustrationen: fotolia, Swetlana Wall

Foto Jean-Paul Pianta
© Shahnaz Taheri

Druck und Bindung: Grafica Veneta S.p.A., Trebaseleghe
Printed in Italy
Erste Auflage 2010
ISBN 978-3-940888-05-1

jppianta.de
weissbooks.com